KB054010

단문쓰기는 NO! 스토리 쓰기를
매일 계획적으로 학습하고 에세이 라이팅까지 따라잡기!

# PLAN®
# Story
# Writing

이형필 · Steve Chong(정하종) 공저
Chester, J.sleezer 감수

랭기지플러스

## PLAN STORY WRITING

무슨 일이든 플랜과 실천이 중요합니다. 영어 스토리 라이팅도 그러합니다. 영국의 멋진 정원을 부러워하며 카네기가 왜 이런 정원을 자신의 정원사는 가꾸지 못하는지 모르겠다고 했을 때, 영국의 스탠리경의 정원사가 이렇게 말합니다.

"아, 그건 하나도 어렵지 않습니다. 매일 2번 규칙적으로 잔디를 깎고, 매일 3번 같은 시간에 물을 주면 됩니다. 이렇게 300년만 하면 되는 쉬운 일입니다."

300년은 아니더라도 30일이라도 꾸준히 플랜에 따라 스토리 라이팅을 해보시기 바랍니다. 영어의 정확성보다 유창성에 초점을 두고 계속 쓰고 또 쓰다보면, 라이팅에 자신감이 생길 것입니다. 플랜과 실천을 통해 멋진 영어의 정원이 여러분에게 펼쳐질 것입니다.

# PLAN
## Story
# Writing

| | |
|---|---|
| 초판발행 | 2009년 09월 10일 |
| 1 판 5 쇄 | 2019년 07월 19일 |
| | |
| 저자 | 이형필, 정하종(Steve Chong) 공저 |
| 감수 | Chester J. Sleezer |
| 책임 편집 | 이효리, 장은혜, 김효은, 양승주 |
| 펴낸이 | 엄태상 |
| 마케팅 | 이승욱, 오원택, 전한나, 왕성석 |
| 온라인 마케팅 | 김마선, 김제이, 유근혜 |
| 경영기획 | 마정인, 조성근, 박현숙, 김예원, 전태준, 김다미, 오희연 |
| 물류 | 유종선, 정종진, 최진희, 윤덕현 |
| | |
| 펴낸곳 | 랭기지플러스 |
| 주소 | 서울시 종로구 자하문로 300 시사빌딩 |
| 주문 및 교재 문의 | 1588-1582 |
| 팩스 | (02)3671-0500 |
| 홈페이지 | http://www.sisabooks.com |
| 이메일 | book_english@sisadream.com |
| 등록일자 | 2000년 8월 17일 |
| 등록번호 | 제1-2718호 |

ISBN 979-89-5518-804-2 53740

# PLAN®
## Story
# Writing

## 머리말

### ▌영어식 구조를 익힘으로 영작문을 쉽게 할 수 있습니다

이제는 새로운 길을 가야 합니다. 기존의 틀에 박힌 낡은 사고로는 영작을 자유롭게 할 수 없습니다. 그러기 위해서는 시대에 뒤떨어진 낡은 영어교재는 버려야 합니다. 현지에서는 사용하지도 않는 고전적인 책들이 아직도 사용되어지고 있습니다. 다음으로는 가르치는 방법을 바꾸어야 합니다. 원어민이 영어를 습득하고 활용을 하듯이 가르쳐야 합니다. 여기에 해답이 있습니다. **영어와 우리말의 가장 큰 차이인 문장구조(structure of the sentence)와 어순을 이해를 하면 됩니다.** 막연한 암기식 영어는 이제 사라집니다.

### 문법지식을 잘 모르는 학습자도 충분히 영작문을 할 수 있습니다

교재의 내용을 무작정 앵무새처럼 따라하는, 구시대적 방법으로는 효과적인 영작을 할 수는 없습니다. 이 책은 문법지식을 잘 모르는 학습자도 충분히 영작문을 할 수 있도록 구성하였습니다. **그러기 위해서, 우리말을 영어식 구조로 빨리 변형하는 방법을 제시하였습니다.** 이런 과정이 숙달됨으로써 학생들이 영작문을 쉽고 간단하게 터득하고 쓸 수 잇도록 만들었습니다. 문장이 형성되어가는 순서를 정확히 터득을 하는 순간 자연스럽게 영작 능력을 습득 할 수 있습니다.

### 수업을 통해 현장의 목소리를 반영하였습니다

필자들은 대학에서 영작문, TOEIC, 그리고 TOEFL 수업을 통해서, 학생들이 요구하고 각종 시험에 필요한 부분을 예문으로 선별 하였습니다. **단편적이고 어려운 기존의 영작방법을 벗어나, 학생들의 영작실력 향상에 실질적인 도움이 되도록 만들었습니다.** 지난 5년 동안, 이 책이 출판되도록 수정과 보완을 위한 실험과 수업에 참여했던 학생들에게 감사의 뜻을 전합니다. 배우는 입장에 있는 그들의 참신한 의견이 있었기에 더 좋은 책으로 거듭나게 되었습니다. 아울러 열심히 응원을 보내 준 저희 가족에게도 감사를 전합니다.

2009년 8월
저자 이형필, 정하종(Steve Chong)

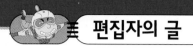 

## 글쓰기는 인생 쓰기

글쓰기의 중요성이 부각되고 있습니다. 각종 시험에서도 라이팅(writing)이 점차 중요시 되고 있으며, 일상생활에서도 이메일이 일상화됨으로 영어로 글을 쓰는 행위가 매일의 일과처럼 이루어지고 있습니다. **영미권으로 유학을 간 학생들이 가장 큰 어려움에 직면하는 것이 글쓰기라는 것도 널리 알려져 있습니다.**

### 글쓰기는 인생 쓰기

그럼 글쓰기가 무엇이기에 글쓰기의 중요성이 부각되는 것입니까? 글쓰기는 사실 인생 쓰기입니다. 요즘 대부분의 글 쓰는 행위들이 컴퓨터 자판과 모니터 상에서 이루어지지만 그러한 결과물이 나오려면 글쓴이의 정신과 마음속에 무수히 많은 정보와 지식의 축적이 있어야 가능해집니다. 그 다양한 정보와 지식은 그 사람의 인생 경험과 생각을 반영하게 됩니다. **인생을 살면서 다양한 경험을 하고 그 경험을 통해 생각을 밀도 있게 정리하는 훈련을 거친 사람일수록 소위 말하는 "글빨"이 받게 된다고 봅니다.** 학생들의 글쓰기도 그래야 합니다. 몇 가지 스킬을 배운다고 해서 좋은 글 혹은 감동적인 글이 나오는 것은 아닙니다. **감동적인 글은 감동적인 것을 보고, 듣고, 느끼고 감동을 많이 한 사람이 쓸 수 있습니다.** 따라서 글쓰기는 한 개인의 생각과 삶을 이해할 수 있는 매우 중요한 부면이므로 평가를 요하는 각종 분야에서 그 중요성이 더해지는 것입니다.

### 패러그래프(paragraph) 단위의 글을 쓰도록 구성

글쓰기 연습과 관련하여 중요한 것은 하나의 문장을 쓰는 연습보다는 패러그래프(paragraph) 단위로 글을 쓰는 연습이 중요합니다. 패러그래프(paragraph)라는 덩어리가 모여야 진정한 하나의 글을 이루기 때문입니다. 그동안의 영작문 책은 거의 단문 영작 훈련이 주류를 이루었습니다. 그러나 영작 훈련을 단문에서 패러그래프로 확대하여 훈련한다면 글쓰기 역량은 쉽게 늘어나리라 봅니다. **이 책은 영어 에세이나 리포트를 써야 할 경우나 이메일이나 보고서를 영어로 작성해야 하는 여러 현장에서 실제적으로 필요한 패러그래프(paragraph) 단위의 글을 쓰는 연습을 하도록 구성하였습니다.** 짧지만 사상의 단위인 패러그래프를 연습하다보면 글 덩어리를 쓸 수 있는 힘이 길러지리라고 봅니다. 저자이신 두 분의 교수님들이 실제 학교 현장에서 지도하신 경험과 노하우가 농축되어 있어 내용이나 구성도 실제적이고 실용적입니다.

글쓰기의 중요성이 강조되는 이때에 이 교재를 통해 영어의 구조도 익히고 영작하는 힘을 키워 능숙하게 영작문을 따라잡는다면 좀 더 자신 있는 삶을 살 수 있으리라 봅니다. 이 책의 최초의 독자로서 독자여러분 모두에게 자신 있게 권해드립니다.

고려대 영문과 졸업
cosmosey@korea.ac.kr

▶ Unit 36~47은 Unit 35를 마친 후 학습해도 되지만, 내용상으로 보충학습으로 진행해도 무리가 없습니다. 학습자의 스타일이나 학교, 학원의 커리큘럼에 따라 융통성 있게 사용하실 수 있겠습니다.

| 주간 | 일 | 월 | 화 | 수 | 목 | 금 | 토 | 주말보충학습 |
|---|---|---|---|---|---|---|---|---|
| 날짜 | | | | | | | | |
| 1주 | 계획 | Unit 1 | Unit 2 | Unit 3 | Unit 4 | Unit 5 | Unit 6 ~ 7 | Unit 36 ~ 38 |
| 진도 체크 | | | | | | | | |
| 날짜 | | | | | | | | |
| 2주 | Unit 8 ~ 9 | Unit 10 | Unit 11 | Unit 12 | Unit 13 | Unit 14 | Unit 15 ~ 16 | Unit 39 ~ 41 |
| 진도 체크 | | | | | | | | |
| 날짜 | | | | | | | | |
| 3주 | Unit 17 ~ 18 | Unit 19 | Unit 20 | Unit 21 | Unit 22 | Unit 23 | Unit 24 ~ 25 | Unit 42 ~ 44 |
| 진도 체크 | | | | | | | | |
| 날짜 | | | | | | | | |
| 4주 | Unit 26 ~ 27 | Unit 28 ~ 29 | Unit 30 | Unit 31 | Unit 32 | Unit 33 | Unit 34 ~ 35 | Unit 45 ~ 47 |
| 진도 체크 | | | | | | | | |

# PLAN Story Writing Study B

▶ Unit 36~47은 Unit 35를 마친 후 학습해도 되지만, 내용상으로 보충학습으로 진행해도 무리가 없습니다. 학습자의 스타일이나 학교, 학원의 커리큘럼에 따라 융통성 있게 사용하실 수 있겠습니다.

| | 주 3일 학습 | | | | 주 2일 학습 | |
|---|---|---|---|---|---|---|
| | 월 | 수 | 금 | | 화 | 목 |
| 날짜 | | | | 날짜 | | |
| 1주 | Unit 1 ~ 2 | Unit 3 ~ 4 | Unit 5 ~ 6 | 1주 | Unit 1 ~ 3 | Unit 4 ~ 6 |
| 체크 | | | | 체크 | | |
| 날짜 | | | | 날짜 | | |
| 2주 | Unit 7 ~ 8 | Unit 9 ~ 10 | Unit 11 ~ 12 | 2주 | Unit 7 ~ 9 | Unit 10 ~ 12 |
| 체크 | | | | 체크 | | |
| 날짜 | | | | 날짜 | | |
| 3주 | Unit 13 ~ 14 | Unit 15 ~ 16 | Unit 17 ~ 18 | 3주 | Unit 13 ~ 15 | Unit 16 ~ 18 |
| 체크 | | | | 체크 | | |
| 날짜 | | | | 날짜 | | |
| 4주 | Unit 19 ~ 20 | Unit 21 ~ 22 | Unit 23 ~ 24 | 4주 | Unit 19 ~ 21 | Unit 22 ~ 24 |
| 체크 | | | | 체크 | | |
| 날짜 | | | | 날짜 | | |
| 5주 | Unit 25 ~ 26 | Unit 27 ~ 28 | Unit 29 ~ 30 | 5주 | Unit 25 ~ 27 | Unit 28 ~ 30 |
| 체크 | | | | 체크 | | |
| 날짜 | | | | 날짜 | | |
| 6주 | Unit 31 ~ 32 | Unit 33 ~ 34 | Unit 35 ~ 36 | 6주 | Unit 31 ~ 33 | Unit 34 ~ 36 |
| 체크 | | | | 체크 | | |
| 날짜 | | | | 날짜 | | |
| 7주 | Unit 37 ~ 38 | Unit 39 ~ 40 | Unit 41 ~ 42 | 7주 | Unit 37 ~ 39 | Unit 40 ~ 42 |
| 체크 | | | | 체크 | | |
| 날짜 | | | | 날짜 | | |
| 8주 | Unit 43 ~ 44 | Unit 45 ~ 46 | Unit 47 | 8주 | Unit 43 ~ 45 | Unit 46 ~ 47 |
| 체크 | | | | 체크 | | |

# PLAN Story Writing Study Ⓒ

▶ Unit 36~47은 Unit 35를 마친 후 학습해도 되지만, 내용상으로 보충학습으로 진행해도 무리가 없습니다. 학습자의 스타일이나 학교, 학원의 커리큘럼에 따라 융통성 있게 사용하실 수 있겠습니다.

| 주간 | 날짜 | 본학습 | 보충학습 | 진도 체크 |
|------|------|--------|----------|-----------|
| 1주 | | Unit 1 ~ 3 | Unit 36 | |
| 2주 | | Unit 4 ~ 5 | Unit 37 | |
| 3주 | | Unit 6 ~ 8 | Unit 38 | |
| 4주 | | Unit 9 ~ 10 | Unit 39 | |
| 5주 | | Unit 11 ~ 12 | Unit 40 | |
| 6주 | | Unit 13 ~ 15 | Unit 41 | |
| 7주 | | Unit 16 ~ 18 | | |
| 8주 | | wrap-up and mid-term exam | | |
| 9주 | | Unit 19 ~ 21 | Unit 42 | |
| 10주 | | Unit 22 ~ 24 | Unit 43 | |
| 11주 | | Unit 25 ~ 27 | Unit 44 | |
| 12주 | | Unit 28 ~ 29 | Unit 45 | |
| 13주 | | Unit 30 ~ 31 | Unit 46 | |
| 14주 | | Unit 32 ~ 33 | Unit 47 | |
| 15주 | | Unit 34 ~ 35 | | |
| 16주 | | wrap-up and final exam | | |

# PLAN Story Writing Study D

▶ Unit 36~47은 Unit 35를 마친 후 학습해도 되지만, 내용상으로 보충학습으로 진행해도 무리가 없습니다. 학습자의 스타일이나 학교, 학원의 커리큘럼에 따라 융통성 있게 사용하실 수 있겠습니다.

| 월 | 주간 | 날짜 | 본학습 | 보충학습 | 진도 체크 |
|---|---|---|---|---|---|
| 첫째달 | 1주 | | Unit 1 ~ 3 | Unit 36 | |
| | 2주 | | Unit 4 ~ 5 | Unit 37 | |
| | 3주 | | Unit 6 ~ 8 | Unit 38 | |
| | 4주 | | Unit 9 ~ 10 | Unit 39 | |
| | | | exam | | |
| 둘째달 | 5주 | | Unit 11 ~ 12 | Unit 40 | |
| | 6주 | | Unit 13 ~ 14 | Unit 41 | |
| | 7주 | | Unit 15 ~ 17 | | |
| | 8주 | | Unit 18 ~ 20 | | |
| | | | exam | | |
| 세째달 | 9주 | | Unit 21 | Unit 42 | |
| | 10주 | | Unit 22 ~ 24 | Unit 43 | |
| | 11주 | | Unit 25 ~ 27 | Unit 44 | |
| | 12주 | | Unit 28 ~ 29 | Unit 45 | |
| | | | exam | | |
| 네째달 | 13주 | | Unit 30 ~ 31 | Unit 46 | |
| | 14주 | | Unit 32 ~ 33 | Unit 47 | |
| | 15주 | | Unit 34 | | |
| | 16주 | | Unit 35 | | |
| | | | exam | | |

누구나 쉽게 공부 할 수 있는 책
한 개의 문장을 이용하여 다양한 문장을 만들어내게 하는 마법 같은 힘을 가진 책. 꼭 추천해주고 싶어요. (문진영-대학생)

말하기가 저절로 트였어요
우리말을 영어식 구조로 배열하고 익히니, 영어의 어순이 저절로 익혔어요. 이제 영어로 말을 하고 영작을 쉽게 할 수 있어요. (이상이-대학생)

결과는 신비하게, 그러나 과정은 자연스럽게
영어의 구조를 익히니, 영작, 문법, 말하기가 스스로 되었어요. (김유빈-고2)

신비와 마법을 배웠어요.
어렵게만 생각하는 영어를 가장 쉽게 공부하는 방법을 제시 해 준 책.
이 책을 끝내는 순간, 문법이 완성 되고 직독직해를 할 수 있었어요. (하은수-대학생)

원어민이 영어를 배우는 방법으로 만들어진 책
영어권 국가에서 영어를 배우듯이 만들어 놓은 책. (정준영-미국거주)

토익이나 토플시험에 등장하는 알맹이 예문들로 실용적인 책
토익문법을 마구 올릴 수 있도록 만들어진 책. (박은희-대기업직원)

문법 용어를 잘 몰라도, 영작을 할 수 있게 만든 책
문장을 만들어가는 과정을 통해서 문법을 저절로 익혀요. (박정혜-대학생)

단문영작에서 스토리 쓰기까지
그리고 essay 쓰기까지의 과정이 물 흐르듯
자연스럽게 영작이 가능하게 하는 책. (김민우-취업준비생)

## ▶ 이 책의 구성

영작에 필요한 12개의 Part와 47개의 Unit로 구성이 되어 있습니다. 각 Unit는 다음과 같은 구조로 구성되어 있습니다.

## 1 영작문 필수 구조

영작에 필요한 실질적인 내용과 문법을 간단하게 소개를 하고 있습니다. 주로 문법적인 내용이 영작에 응용이 되도록 쉽게 설명되어 있습니다.

## 2 영작문 필수 예문

영작문 필수 구조에서 설명한 내용을 바탕으로 예문을 구성하였습니다. 문법적 기능도 함께 익힐 수 있도록 하였습니다.

## 3 스토리 쓰기

• Step 1 – Step 1에서는 우리말로 된 스토리를 읽고 난 후 이를 영작을 할 수 있도록 구성하였습니다. 먼저 써 보고 난 후에 Step 2 과정으로 가도록 만들었습니다.

• Step 2 – Step 1에서 완성하지 못한 내용을 마무리 하도록 만들었습니다. Step 1에서 영작한 내용과 다음 페이지의 스토리 쓰기 구조 분석을 공부한 후에 마무리를 하도록 만들었습니다.

## 4 영작연습

• Step 1 – 대부분의 문장을 영어식 구조와 주어진 영어 단어를 이용하여 문장을 쓸 수 있도록 하였습니다.

• Step 2 – 영어식 구조가 제공되지 않은 상태에서도 스스로 쓸 수 있는 단계로 구성을 하였습니다.

## 5 스토리 쓰기 구조 분석

스토리를 스스로 쓰면서 어렵다고 예상되는 문장을 영어식 어순으로 배열을 하여 쓰기 쉽도록 만들었습니다. 영작을 할 때는 한국어 어순이 아닌 영어의 어순 구조가 필요하기 때문에, 영어의 어순으로 배열을 하였습니다.

## 6 시험 엿보기

각종 시험에 필요한 내용을 바탕으로 구성을 하였습니다. 그리고 문법적으로 궁금한 내용을 알기 쉽도록 영미인의 문화적 관점에서 설명을 했습니다.

## 7 에세이

다양한 주제의 글들을 써보는 훈련을 통해 학습한 내용을 정리하고 라이팅에 자신감을 갖도록 하였습니다.

---

### ▶ 이 책의 특징

**1. 완벽한 우리말 구조보다는 영어로 표현하기 쉽도록 우리말을 구성 하였습니다**

우선 우리말 문장구조를 영어식 문장구조로 빨리 변형 할 수 있는 능력을 숙지하도록 만들었습니다. 빠른 이해를 위하여 영작 예제마다 우리말을 영어식 문장 배열로 구성하였습니다.

**2. 실질적인 영작 실습을 할 수 있습니다**

실질적인 스스로의 영작실습을 위해, 우선 문장을 만드는 이론적인 설명을 읽고, 자기실력으로 예제를 영작하도록 구성을 하였습니다. 이러한 과정을 인식하고 응용하여 고급스런 장문의 문장도 영작을 할 수 있도록 구성하였습니다.

**3. 실용적이고 살아 움직이는 현실화된 영작문으로 구성되었습니다**

무작정 암기가 아닌 영어 문장의 구성요건과 구조를 인식하여 스스로 글을 쓸 수 있는 능력을 기르도록 만들었습니다. 이를 바탕으로 영문법을 인식하고 이를 TOEIC, TOEFL 뿐만 아니라, 모든 시험에 적용하도록 만들었습니다.

**4. 우리말보다는 영어식 구조와 표현을 중심으로 기술하였습니다**

우리말의 유려함보다는 영어식 위주의 직역 표현을 사용했습니다. 우리말이 조금 투박해도 영어 라이팅에 도움이 되시도록 영어식 우리말 표현을 사용했습니다.

# TABLE OF CONTENTS

# TABLE OF CONTENTS

※ 영시    영시는 생각과 언어의 압축과 농축을 거쳐 생명력을 갖고 있습니다. 시에 나오는 문장이나 표현은 글쓰기에 영감을 줄 수 있습니다. 시 전체를 해석하고 알려고 하시기 보다는 마음에 와 닿는 문구를 하나 찾아보시고 사용해 보시면 라이팅에 품위와 격조를 더할 것입니다.

# Part 1 문장형식

# 문장구조 1

나는 목적어 따위 필요 없어!

> I'll stay on the bus if I don't see a yellow ribbon round the old oak tree.
> 그냥 버스에서 있을께요 만약 내가 떡갈나무 주변의 노란리본을 보지 못한다면
>
> 팝송 "Tie a Yellow Ribbon Round the Old Oak Tree" 중에서

## 영작문 필수 구조

### 주어 + 자동사 + (전치사 + 명사형)

1문형 구조는 주어와 동사만 있어도 문장이 성립되며, 동사 뒤에는 전치사구가 주로 옵니다.

> **부사구의 순서**
> 장소(where), 방법(how), 이유(why), 시간(when)의 어순이 형성됩니다. 이유나 목적을 나타내는 구(phrase)가 올 경우 대부분 to부정사구(phrase)가 사용됩니다.

▶ **부사구(phrase)의 순서 예문**

전치사 + (명사형) (＊ 단, 명사의 순서는 where/how/why/when의 순서 구조)

☐ Tom gets up early in the morning.

　Tom은 / 일어납니다 / 일찍 / 아침에

☐ <u>Jenny</u> <u>went</u> <u>to the city hall</u> <u>by her truck</u> <u>to carry the baggage</u>
　 S　　V　　 where　　　　 how　　　　　 why

　Jenny는 / 갔다 / 시청으로 / 그녀의 트럭에 의해서 / 그 짐을 나르려고

## 영작문 필수 예문

• accident 사건

• happen 발생하다

• tomorrow 내일

☐ **A bird sings** in the tree in the morning.

　한 마리의 새가 / 노래한다 / 나무에서 / 아침에

☐ **A baby sleeps** with mom on the bed.

　한 아이가 / 잠을 잔다 / 엄마와 함께 / 침대 위에서

☐ **The accident happened** on this street last night.

　그 사건은 / 발생했다 / 이 거리에서 / 어젯밤에

☐ **He comes** here tomorrow to meet me.

　그는 / 올 것이다 / 여기에 / 내일 / 만나러 / 나를

다음 스토리를 읽고 영어로 써보세요. Step 1을 먼저 써 본 후, 다음 페이지의 영작 연습과 스토리 쓰기 구조 분석을 해 본 후에 Step 2를 해보세요. 늘어나는 영작문 실력을 금방 확인할 수 있습니다!

- arrive at 도착하다
- library 도서관
- stepping stone 징검다리

▶ 영어로 글을 잘 쓰는 Suji는 많은 책을 읽는다. 그녀는 책을 읽는 것에 의해서 글 쓰는 방법을 배운다. 많은 책을 읽기 위해 그녀는 항상 도서관에 정시에 도착한다. 그녀의 인생에서 독서는 징검다리이다.

### Step 1 혼자서 써보기

------

------

------

------

------

------

------

➡ step 2는 다음 페이지의 '영작연습'과 '스토리 구조 분석'을 해본 후 다시 써 보세요. 또는 정답을 옮겨 써 보세요.

### Step 2 다시 한번 써보기

------

------

------

------

------

------

 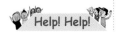

- theater 극장
- on time 정시에
- early bird discount
  조조할인
- except ~제외하고
- see off 배웅하다
- airport 공항

**Step 1** 다음 문장을 영어식 구조를 참고하여 영어로 써보세요.

(1) 그 숙녀는 그 영화를 보기 위하여 극장으로 달렸다.

→ _____

> 영어식구조  그 숙녀는 / 달렸다 / 극장으로 / 보기위하여 / 그 영화를

(2) Tom을 제외하고 모두가 그 역에 정시에 도착했다.

→ _____

> 영어식구조  모두가 / 도착했다 / 그 역에 / 정시에 / 제외하고 / Tom을

(3) David는 조조할인을 받으려고 그 극장으로 갔다.

→ _____

> 영어식구조  David는 / 갔다 / 그 극장으로 / 받으려고 / 조조할인을

(4) Jack은 Chris를 배웅하기 위하여 공항으로 갔다.

→ _____

> 영어식구조  Jack은 / 갔다 / 공항으로 / 배웅하러 / Chris를

**Step 2** 다음 문장을 영어식 구조를 생각한 후 영어로 써보세요.

- lie 눕다
- grass 잔디
- leave for ~을 향하여
  떠나다

(1) 책상 위에 책이 한권 있다.

→ _____

(2) 그는 잔디 위에 누워 있다.

→ _____

(3) 그 숙녀는 버스로 서울로 떠났다.

→ _____

(4) 나의 형은 내일 이곳에 올 것이다.

→ _____

다음 문장은 스토리 쓰기에 나오는 문장들입니다. 영어식 구조를 생각하며 문장을 만들어 본 후, 스토리 쓰기의 Step 2를 해 보세요.

▶ 영어로 글을 잘 쓰는 수지는 많은 책을 읽는다.

→ _____

> **영어식 구조** 수지 / 글을 쓰는 / 잘 / 영어로 / 읽는다 / 많은 책을

▶ 그녀는 책을 읽는 것에 의해서 글 쓰는 방법을 배운다.

→ _____

> **영어식 구조** 그녀는 / 배운다 / 방법을 / 글 쓰는 / 의해서 / 읽는 것에 / 책을

## 시험 엿보기

— **자동사와 타동사의 구별은?**

▶ **자동사가 있는 문장 구조 : 주어 + 자동사 + (전치사 + 목적어)**
동사의 목적어가 없어 수동태가 불가능 합니다. 자동사 뒤에 목적어가 오려면 전치사가 필요합니다.

☐ The traffic accident happened last night. **(능동형)**
교통사고가 / 발생했다 / 어제 밤에
→ 동사 happened의 목적어가 없습니다.

☐ The traffic accident was happened last night. (x)
교통사고가 / 발생했다 / 어제 밤에
→ happen은 자동사 기능을 하므로 수동형 문장이 될 수 없습니다.

▶ **타동사가 있는 문장 구조 : 주어 + 타동사 + 목적어**
동사의 목적어가 있어 수동태가 가능합니다.

☐ She repaired the broken car. **(능동형)**
그녀는 / 수리했다 / 그 부서진 차를

☐ The broken car was repaired by her. **(수동형 가능)**
그 부서진 차는 / 수리됐다 / 그녀에 의해

# Unit 02

## 문장구조 2
### 주격보어 – 주어야, 내가 도와줄게

> You are the Dancing Queen, young and sweet.
> 당신은 춤의 여왕이며 젊고 사랑스럽습니다.
>
> 팝송 "Dancing Queen"중에서

### 영작문 필수 구조

**문장구조 2의 특징**

주어와 동사의 구조로는 문장이 완전하게 성립이 되지 않기 때문에, 주어를 보충하여 주는 형용사나 명사로 이루어진 구조입니다.

> **보어 조건**
> 명사인 주어를 보충 설명해 주는 보어는 형용사, 명사만 가능합니다. 명사적 역할을 하는 to부정사구(phrase), 동명사구(phrase), 절(clause)도 가능 합니다.
>
> **보어로 쓰일 수 있는 형태**
> 사전에 있는 단어 : 명사, 형용사
> 사전에 없는 단어 : to부정사구(phrase), ~ing (동명사구(phrase)
> 절(clause = 접속사 + 주어 + 동사)

▶ **2문형 구조에서의 동사의 특징** : 주어와 보어를 연결하여 주는 연결사 역할을 합니다.
이러한 종류의 동사를 linking verbs(연계동사)라고 부릅니다.
주로 쓰이는 linking verbs : be, become, get, come, turn

### 영작문 필수 예문

• collect 모으다

• stamp 우표

• come true 실현되다

• rumor 소문

□ He looks **happy**.
그는 / 보인다 / 행복하게

□ His hobby is **collecting stamps**.
그의 취미는 / 모으는 것이다 / 우표를

□ Your dreams **come true** if you work hard.
너의 꿈은 / 실현 될거야 / 만약 / 네가 / 일하면 / 열심히

□ He got **tired**.
그는 / 피곤해졌다

□ The rumor is **that he failed in the test**.
그 소문은 / 이다 / 그가 떨어졌다는 것 / 시험에서

다음 스토리를 읽고 영어로 써보세요. Step 1을 먼저 해 본 후, 다음 페이지의 영작 연습과 스토리 쓰기 구조 분석을 해 본 후에 Step 2를 해보세요. 늘어나는 영작문 실력을 금방 확인할 수 있습니다!

• manager 매니저
• strong point 장점
• one of ~ ~중의 하나
• relaxed 안락한
• active 활동적인
• leader 지도자

▶ Lisa는 나의 회사에서 5년 동안 매니저로 일하고 있다. 그녀는 항상 행복하고 정직하게 보인다. 그녀는 많은 장점을 가지고 있다. 그녀의 가장 강한 장점은 그녀가 사람들을 차분하고 편하게 만든다는 것이다. 그리고 그녀는 모든 사람이 활동적이게 만든다. 나는 그녀가 나의 회사에서 훌륭한 지도자가 되기를 원한다.

### Step 1 혼자서 써보기

----------------------------------------
----------------------------------------
----------------------------------------
----------------------------------------
----------------------------------------
----------------------------------------
----------------------------------------

➡ step 2는 다음 페이지의 '영작연습'과 '스토리 구조 분석'을 해본 후 다시 써보세요. 또는 정답을 옮겨 써 보세요.

### Step 2 다시 한번 써보기

----------------------------------------
----------------------------------------
----------------------------------------
----------------------------------------
----------------------------------------
----------------------------------------
----------------------------------------
----------------------------------------

**Help! Help!**

- strong point 장점
- useful 유익한
- duty 임무
- department store 백화점
- repair 수리하다
- taste 맛이 나다
- sweet 달콤한

**Step 1** 다음 문장을 영어식 구조를 참고하여 영어로 써보세요.

(1) 너의 장점은 유익한 책을 많이 읽는 것이다.

→ _____

영어식구조 : 너의 장점은 / 이다 / 읽는 것 / 많은 유익한 책들을

(2) 나의 임무는 매 일요일마다 운동장에서 축구를 하는 것이다.

→ _____

영어식구조 : 나의 임무는 / 이다 / 축구를 하는 것 / 운동장에서 / 매 일요일마다 (to 부정사가 보어)

(3) Lisa의 직업은 백화점에서 시계를 수리하는 것이다.

→ _____

영어식구조 : Lisa의 직업은 / 이다 / 수리하는 것 / 시계를 / 백화점에서

(4) 이 음식은 맛이 달콤하다.

→ _____

영어식구조 : 이 음식은 / 맛이 난다 / 달콤한

**Step 2** 다음 문장을 영어식 구조를 생각한 후 영어로 써보세요.

- look ~처럼 보이다
- happy 행복한
- feel 느껴지다
- soft 부드러운
- sound ~처럼 들리다
- goal 목표
- come true 실현되다

(1) 그의 어머니는 행복하게 보인다.

→ _____

(2) 이 드레스는 부드럽게 느껴진다.

→ _____

(3) 너의 이야기는 매우 재미있게 들린다.

→ _____

(4) 만약 네가 열심히 일하면, 너의 목표는 5년 후에 실현될 것이다.

→ _____

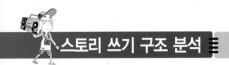

## 스토리 쓰기 구조 분석

다음 문장은 스토리 쓰기에 나오는 문장들입니다. 영어식 구조를 생각하며 문장을 만들어 본 후,
스토리 쓰기의 Step 2를 해 보세요.

▶ Lisa는 나의 회사에서 5년 동안 매니저로 일하고 있다.

→ _____

> **영어식 구조** Lisa는 / 일하고 있다 / 나의 회사에서 / 5년 동안 / 매니저로서

▶ 그녀의 가장 강한 장점은 그녀가 사람들을 차분하고 편하게 만든다는 것이다.

→ _____

> **영어식 구조** 그녀의 가장 강한 장점은 / 이다 / 그녀가 / 만든다는 것 / 사람들을 / 차분하고 편하게

▶ 나는 그녀가 이 회사에서 큰 지도자가 되기를 원한다.

→ _____

> **영어식 구조** 나는 / 원한다 / 그녀가 / 되기를 / 지도자가 / 나의 회사에서

 시험 엿보기

— 주어를 묘사하는 주격보어는 왜 부사가 아닌 형용사가 쓰이나요?

아래의 동사들은 움직이는 동사의 기능이 아닌, be 동사처럼 연결의 기능을 하므로 문장에서 항상
형용사를 보어를 필요로 합니다.

- □ keep, remain, stay 등 ~ 대로 있다
- □ appear, look, seem 등 ~ 처럼 보이다
- □ feel, smell, sound, taste 등 ~ 으로 느껴지다
- □ become, come, get, turn, go, run 등 ~ 이 되다

— 다음은, 아래 예문처럼 사람이 주어로 쓰일 경우에는 항상 과거분사(pp)형이 옵니다. 사물이 주어로 쓰
일 경우에는 현재분사 형인 ~ing형이 옵니다.

- □ He was excited by the exciting game. 그는 / 흥분되어졌다 / 의해서 / 그 흥미로운 게임으로
- □ 만족해진 : satisfied, 실망해진 : disappointed, 흥분되어진 : excited
  피곤해진 : tired, 혼란스러워진 : confused

# 03

# 문장구조 3
## 다양한 목적어의 형태

> Give me Liberty, or Give me Death.
> 자유가 아니면 죽음을 달라.
>
> "Patrick Henry의 연설문" 중에서

### 문장구조 3의 특징

주어와 동사 외에 동작이 행해지는 대상인 목적어가 반드시 있어야 하는 문형입니다.

> **목적어 조건**
> 명사, 대명사의 목적격과 동사를 명사화시킨 to부정사구(phrase), 동명사구(phrase), 절 (clause)도 가능 합니다.

▶ **목적어로 쓰일 수 있는 형태**

사전에 있는 단어 : 명사와 대명사의 목적격이 쓰입니다.

사전에 없는 단어 : 동사를 변형시켜 만든 to부정사구(phrase), 동명사구(phrase), 절 (clause)이 쓰입니다.

- parents 부모님
- clever 영리한
- be absent from 결석하다
- remember 기억하다

☐ I love **myself**.
   나는 / 사랑한다 / 내 자신을

☐ I love **to read many good books**.
   나는 / 좋아 한다 / 읽는 것을 / 많은 좋은 책을

☐ I finished **writing a letter to my parents**.
   나는 / 끝마쳤다 / 쓰는 것을 / 편지를 / 부모님께

☐ I think **that he is clever**.
   나는 / 생각한다 / 그는 영리하다고

☐ I don't know **why he was absent from school yesterday**.
   나는 / 모른다 / 왜 / 그가 / 결석을 했는지 / 학교에 / 어제

☐ I remember the lady **who sent me flowers**.
   나는/기억한다 / 그 숙녀를 / 보냈던 / 나에게 / 꽃을

30  Part 1 문장형식

다음 스토리를 읽고 영어로 써보세요. Step 1을 먼저 해 본 후, 다음 페이지의 영작 연습과 스토리 쓰기 구조 분석을 해 본 후에 Step 2를 해보세요. 늘어나는 영작문 실력을 금방 확인할 수 있습니다!

- have difficulty in ~ing ~하는데 어려움을 갖다

- umpire 심판, 주심

- exciting 흥미 있는

▶ 작년에 나는 야구하는 것을 즐겼다. 그러나 요즘 나는 TV에서 야구 경기 보는 것을 즐긴다. 작년에 나의 왼쪽 다리가 부러져서, 나는 야구 경기하는 것을 포기했다. 나는 야구규칙을 TV에서 야구경기 보는 것에 의해서 배워오고 있다. 언젠가 나는 야구 심판이 될 것이다. 나는 야구경기를 더 흥미롭게 만들도록 노력하겠다.

### Step 1 혼자서 써보기

---
---
---
---
---
---
---

➡ step 2는 다음 페이지의 '영작연습'과 '스토리 구조 분석'을 해본 후 다시 써 보세요. 또는 정답을 옮겨 써 보세요.

### Step 2 다시 한번 써보기

---
---
---
---
---
---
---

## 영작연습

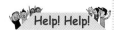

Help! Help!

- borrow 빌리다
- turtle 거북이
- remember 기억하다

**Step 1** 다음 문장을 영어식 구조를 참고하여 영어로 써보세요.

(1) 나는 거북이에 관한 책을 빌렸다.

→ _____

> 영어식
> 구조   나는 / 빌렸다 / 책을 / 관한 / 거북이에

(2) 나는 나에게 편지를 보냈던 그 소년을 기억한다.

→ _____

> 영어식
> 구조   나는 / 기억한다 / 그 소년을 / 보냈던 / 나에게 편지를

(3) 나는 저녁식사 후에 음악 듣기를 원한다.

→ _____

> 영어식
> 구조   나는 / 원한다 / 듣기를 / 음악을 / 후에 / 저녁 식사

(4) Nicol은 책 읽는 것을 좋아한다.

→ _____

> 영어식
> 구조   Nicol은 / 좋아한다 / 읽는 것을 / 책을

**Step 2** 다음 문장을 영어식 구조를 생각한 후 영어로 써보세요.

- delicious 맛있는
- honest 정직
- bookshelf 책장

(1) 그 소녀는 매우 맛있는 음식을 친구들과 함께 먹었다.

→ _____

(2) 나는 엄마와 함께 잠자고 있는 아이를 보았다.

→ _____

(3) 나는 그가 정직하다고 생각한다.

→ _____

(4) 그는 그 책을 책장에서 찾았다.

→ _____

다음 문장은 스토리 쓰기에 나오는 문장들입니다. 영어식 구조를 생각하며 문장을 만들어 본 후, 스토리 쓰기의 Step 2를 해 보세요.

• enjoy 즐기다

• playing baseball 야구하는 것

• give up 포기하다

• play 경기하다

▶ 작년에 나는 야구하는 것을 즐겼다.

→ _____

> **영어식 구조** 나는 / 즐겼다 / 야구하는 것을 / 작년에

▶ 작년에 나의 왼쪽다리가 부러졌다.

→ _____

> **영어식 구조** 나의 왼쪽다리는 / 당했다 / 부러짐을 / 작년에

▶ 그래서 나는 야구 경기하는 것을 포기했다.

→ _____

> **영어식 구조** 그래서 나는 / 포기했다 / 경기하는 것을 / 야구

시험 엿보기

— 문장에서 to부정사구(phrase)와 동명사구(phrase)를 사용하는데 차이점은 무엇일까요?

희망의 동사는 미래를 나타내므로 미래를 예측하는 to부정사구(phrase)를 씁니다. 그리고 과거나 현재의 행동에 역점을 둘 때는 동명사구(phrase)를 씁니다. 아래의 단어들은 미래보다는 과거나 현재의 행동에 역점을 두는 동사입니다.

□ finish(끝내다), deny(거절하다), avoid(피하다), delay(연기하다), postpone(연기하다), put off(연기하다), mind(꺼려하다), give up(포기하다)

□ He finished writing a letter to her.

그는 / 끝마쳤다 / 쓰는 것을 / 편지를 / 그녀에게

□ He gave up writing a letter to her.

그는 / 포기했다 / 쓰는 것을 / 편지를 / 그녀에게

# Unit 04

## 문장구조 4

난 목적어가 두개야

> "pretty woman, give me your smile. pretty woman, don't make me cry."
> 귀여운 여인이여, 나에게 미소를 보내세요. 귀여운 여인이여, 날 울리지 마세요.
>
> 팝송 "Pretty Woman"중에서

### 영작문 필수 구조

**문장구조 4의 특징**

목적어로서 whom(사람) + what(사물)의 순서입니다. ~에게' 에 해당하는 간접목적어와 '~을' 에 해당하는 직접목적어가 있습니다.

**문형구조 변형** : 간접목적어인 whom(사람)을 문장의 맨 뒤로 이동시킬 수 있습니다.

> **간접목적어 조건**
> 간접목적어를 받거나 줄 수 있는 사람, 혹은 동물이 됩니다.
>
> **직접목적어 조건**
> 간접목적어에게 주거나, 혹은 간접 목적어가 받을 수 있는 물건이 됩니다.

### 영작문 필수 예문

- bring 가져오다
- kite 연
- question 질문

☐ She brings **me a glass of water**.

그녀는 / 가지고 온다 / 나에게 / 한 잔의 물을

= She brings a glass of water **to me**.

☐ She made **me a kite**.

그녀는 / 만들었다 / 나를 위해 / 연을

= She made a kite **for me**.

☐ He asked **me a question**.

그는 / 물었다 / 나에게 / 질문을

= He asked a question **of me**.

## 스토리 쓰기

다음 스토리를 읽고 영어로 써보세요. Step 1을 먼저 해 본 후, 다음 페이지의 영작 연습과 스토리 쓰기 구조 분석을 해 본 후에 Step 2를 해보세요. 늘어나는 영작문 실력을 금방 확인할 수 있습니다!

• among ~중에
• magazine 잡지
• novelist 소설가
• knowledge 지식
• article 기사
• edit 편집하다

▶ 나의 숙모인 Lisa는 나에게 많은 선물을 보냈다. 선물들 중에는 영어로 쓰인 많은 잡지들이 있었다. 나는 그녀가 보내준 그 책들을 읽었다. 그녀는 내가 소설가가 되기를 원했다. 그래서 훌륭한 소설가가 되기 위하여, 나는 많은 책을 읽었다. 내가 읽었던 많은 책들은 나에게 잘 쓸 수 있는 많은 지식을 주도록 도왔다. 나는 20년 동안 신문사에서 기사들을 편집하고 있다.

### Step 1 혼자서 써보기

→ step 2는 다음 페이지의 '영작연습'과 '스토리 구조 분석'을 해본 후 다시 써 보세요. 또는 정답을 옮겨 써 보세요.

### Step 2 다시 한번 써보기

**Help! Help!**

- gift 선물
- toy 장난감
- lend 빌려주다

**Step 1** 다음 문장을 영어식 구조를 참고하여 영어로 써보세요.

(1) 나는 Jackson에게 선물 하나를 주었다.

→ _____

> **영어식 구조** 나는 / 주었다 / Jackson에게 / 선물 하나를

(2) 나는 나의 어머니에게 선물 한 개를 보냈다.

→ _____

> **영어식 구조** 나는 / 보냈다 / 선물 한 개를 / 나의 어머니에게

(3) 나는 장난감 하나를 Suji에게 사 주었다.

→ _____

> **영어식 구조** 나는 / 사 주었다 / Suji에게 / 장난감 하나를

(4) 나는 나의 친구에게 책 한 권을 빌려주었다.

→ _____

> **영어식 구조** 나는 / 빌려주었다 / 책 한 권을 / 나의 친구에게

**Step 2** 다음 문장을 영어식 구조를 생각한 후 영어로 써보세요.

- question 질문
- birthday 생일
- gift 선물

(1) Mike는 Tom에게 질문 하나를 했다.

→ _____

(2) 나는 책 한권을 Jason에게 빌려주었다.

→ _____

(3) Tom은 그 책을 나의 어머니에게 읽어 주었다.

→ _____

(4) 나는 Suji에게 생일 선물로 인형 한 개를 사 주었다.

→ _____

다음 문장은 스토리 쓰기에 나오는 문장들입니다. 영어식 구조를 생각하며 문장을 만들어 본 후, 스토리 쓰기의 Step 2를 해 보세요.

• a lot of  많은

• knowledge  지식

▶ 나의 숙모인 Lisa는 나에게 많은 선물을 보냈다.

→ _____

**영어식구조** 나의 숙모 / Lisa / 보냈다 / 나에게 / 많은 선물을

▶ 선물들 중에는 영어로 쓰여진 많은 잡지들이 있었다.

→ _____

**영어식구조** 있었다 / 많은 잡지들이 / 쓰여진 / 영어로 / 선물 중에는

 시험 엿보기

— 다음은 많이 쓰이는 수여동사입니다.

주다 give   가져오다 bring   가르치다 teach   보내다 send   빌리다 borrow   사다 buy
만들다 make   보여주다 show   요구하다 ask

— 문형에서 3문형 변형 시 쓰이는 전치사

▶ to를 쓰는 경우 – give, show, teach, send, bring, lend
▶ for를 쓰는 경우 – make, buy, cook
▶ of를 쓰는 경우 – ask
▢ He showed a picture to me.
  그는 / 보여 주었다 / 하나의 사진을 / 나에게
▢ He made a kite for me.
  그는 / 만들었다 / 연을 / 나를 위하여
▢ He bought a lot of books for me.
  그는 / 샀다 / 많은 책을 / 나를 위하여
▢ He cooked delicious food for me.
  그는 / 요리를 했다 / 위해 / 나를
▢ He asked a question of me.
  그는 / 물었다 / 하나의 질문을 / 나에게

# 문장구조 5

## 5문형을 알아야 영작과 문법을 안다

> Let it be, Let it be, Let it be, Let it be.
> 순리에 맡기거라.
>
> 팝송 "Let It Be"중에서

## 영작문 필수 구조

### 문장구조 5의 특징

주어 동사 목적어의 구조로는 문장 성립이 불완전하여, 목적어인 사람이나 사물의 형태를 묘사하여 주는 형용사가 옵니다. 또 목적어의 동작을 나타낼 때는 대부분 to 부정사 구 (phrase)가 옵니다.

> **목적격 보어 역할**
> 목적어인 명사의 상태나 동작을 묘사하여 주는 역할을 합니다.
>
> **목적격 보어 조건**
> 형용사, 명사, 그리고 동사의 의미를 가지면서 형용사 기능을 하는 to부정사구(phrase)가 옵니다.

▶ **목적격 보어 특징** : 목적격 보어의 묘사를 받는 것은 목적어인 명사입니다. 따라서 명사를 묘사하여 주는 형용사 형태가 목적격 보어 역할을 하고 있습니다. 따라서 목적격 보어로 쓰이는 동사는 형용사의 역할(function)로 변형을 하여야 합니다.

## 영작문 필수 예문

• pass 통과하다
• stage 무대
• broken 부서진
• concert 공연

☐ He made me **happy**.

　그는 / 만들었다 / 나를 / 행복하게

☐ She made me **a doctor**.

　그녀는 / 만들었다 / 나를 / 의사로

☐ She wanted you **to pass the test**.

　그녀는 / 원했다 / 네가 / 통과하기를 / 그 시험에

☐ I saw her **singing on the stage**.

　나는 / 보았다 / 그 여자가 / 노래하는 것을 / 무대에서

☐ I saw a car **broken by the accident**.

　나는 / 보았다 / 한 대의 차가 / 부서진 것을 / 그 사고에 의해서

☐ I heard her **sing in the concert hall**.

　나는 / 들었다 / 그녀가 / 노래하는 것을 / 그 공연장에서

다음 스토리를 읽고 영어로 써보세요. Step 1을 먼저 해 본 후, 다음 페이지의 영작 연습과 스토리 쓰기 구조 분석을 해 본 후에 Step 2를 해보세요. 늘어나는 영작문 실력을 금방 확인 할 수 있습니다!

• want 원하다

• by oneself 혼자

• prepare 준비하다

• recipe 요리법

• delicious 맛있는

• be pleased 즐거워지다

▶ Tom은 어머니의 날에 어머니를 행복하게 만들기를 원했다. 그는 혼자 저녁을 준비하고 그것을 어머니에게 주기로 계획을 했다. 그러나 그는 저녁식사로 무엇을 준비해야 할지 어떤 아이디어를 가지고 있지 않았다. 그래서 그는 인터넷 사이트를 조사하고 요리법을 찾았다. 그것은 그가 맛있는 요리를 하도록 도왔다. 그는 그의 어머니를 즐거워지도록 만들었다.

### Step 1 혼자서 써보기

----

----

----

----

----

----

----

----

→ step 2는 다음 페이지의 '영작연습'과 '스토리 구조 분석'을 해본 후 다시 써 보세요. 또는 정답을 옮겨 써 보세요.

### Step 2 다시 한번 써보기

----

----

----

----

----

----

----

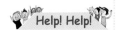
Help! Help!

- empty 빈
- poor 가난한
- once 한 번
- build 짓다

**Step 1** 다음 문장을 영어식 구조를 참고하여 영어로 써보세요.

(1) 우리는 그 집이 비어있는 것을 발견했다.

→ _____

**영어식 구조** 우리는 / 발견했다 / 그 집이 / 비어있는

(2) 그는 작년에 가난한 사람들을 위해 내가 집을 짓는 것을 도왔다.

→ _____

**영어식 구조** 그는 / 도왔다 / 내가 / 짓는 것을 / 집을 / 가난한 사람들을 위해 / 작년에

(3) 나는 그녀가 일주일에 한번 영화를 보도록 허락했다.

→ _____

**영어식 구조** 나는 / 허락했다 / 그녀가 / 보는것을 / 영화를 / 한번 / 일주일에

(4) Tom은 나에게 집을 짓도록 요청했다.

→ _____

**영어식 구조** Tom은 / 요청했다 / 나에게 / 짓도록 / 집을

**Step 2** 다음 문장을 영어식 구조를 생각한 후 영어로 써보세요.

- recommend 추천하다
- apply 지원하다
- patient 환자
- raise 들다
- mail carrier 우체부

(1) Jack은 그의 동생을 그 회사에 지원하도록 추천했다.

→ _____

(2) 그 의사는 그 환자가 날마다 운동을 하도록 충고했다.

→ _____

(3) 나의 선생님은 우리에게 오른손을 들도록 명령했다.

→ _____

(4) Tom은 그의 편지가 그 우체부에 의해서 보내지도록 시켰다.

→ _____

다음 문장은 스토리 쓰기에 나오는 문장들입니다. 영어식 구조를 생각하며 문장을 만들어 본 후, 스토리 쓰기의 Step 2를 해 보세요.

▶ Tom은 어머니의 날에 어머니를 행복하게 만들기를 원했다.

→ _____

 Tom은 / 원했다 / 만들기를 / 어머니를 / 행복하게 / 어머니의 날에

▶ 그것은 그가 맛있는 요리를 하도록 도왔다.

→ _____

 그것은 / 도왔다 / 그가 / 하도록 / 맛있는 요리를

 시험 엿보기

─── 지각동사나 사역동사가 올 경우의 to부정사구

지각 동사나 사역 동사가 올 경우는 현재의 행동에 역점을 두고 있기에 미래를 예측하는 to부정사구(phrase)는 쓰이지 않습니다.

□ I saw the lady going home.
　나는 / 보았다 / 그 숙녀가 / 집에 가는 것을
□ I saw the car broken by the accident.
　나는 / 보았다 / 그 차가 / 부서진 것을 / 그 사고에 의해
□ I made the lady go home.
　나는 / 시켰다 / 그 숙녀가 / 가도록 / 집에
□ I advised the lady to go home.
　나는 / 충고했다 / 그 숙녀가 / 가도록 / 집에

주제 : 피부의 중요성

피부는 우리의 몸에서 중요한 역할을 한다.

첫 번째, 그것은 우리의 몸을 질병으로부터 방어한다. 만약 우리가 피부를 갖고 있지 않으면, 바이러스와 박테리아가 쉽게 우리의 몸 안으로 들어올 수 있다. 만약 그렇게 되면, 이런 바이러스와 박테리아가 우리의 몸 안에서 많은 질병을 만들 수 있다.

두 번째, 그것은 우리 몸을 위하여 물과 피를 저장을 한다. 물과 피는 우리 몸을 건강하게 유지시키는 필요한 요소이다. 만약 우리가 피부를 갖고 있지 않으면, 물과 피는 우리의 몸 밖으로 나가게 된다. 따라서 우리 모두는 우리의 피부를 잘 보살펴야 한다.

---

| 어휘 | |
|---|---|
| • make an important role in 중요한 역할을 하다 | • store 저장하다 |
| • prevent 막다 | • necessary 필요한 |
| • virus 바이러스 | • factor 요소 |
| • bacteria 박테리아 | • blood 피 |
| | • take good care of 잘 돌보다 |

## Tips ■ Essay 구성 원칙

Main idea(주제문) → Support(주제문 뒷받침) → Conclusion(결론)

첫 번째, 주제를 뒷받침해주는 main idea를 작성합니다.
두 번째, 이 주제문을 뒷받침하여 주는 문장을 2~3개 작성합니다.
마지막으로 주제문을 다시 강조해주는 문장을 만들어 주는 것이 essay의 기본구조입니다.

\*

위 문장을 예로 들면, 우리 몸에서 피부의 중요성을 main idea로 정했습니다. 이를 뒷받침하여 주는 문장이 나와야겠지요. 따라서 피부는 질병을 막아 준다는 내용과 몸에 필요한 것을 저장하는 예문이 나와 있습니다. 따라서 피부가 중요하니 우리는 피부를 잘 보살펴야 한다고 main idea를 다시 강조하고 있습니다.

# Life

Charlotte Bronte

Life, believe, is not a dream,
So dark as sages say;
Often a little morning rain
Foretells a pleasant day:
Sometimes there are clouds of gloom,
But these are transient all;
If the shower will make the roses bloom,
Oh, why lament its fall?
Rapidly, merrily,
Life's sunny hours flit by,
Gratefully, cheerily,
Enjoy them as they fly.

What though death at times steps in,
And calls our Best away?
What though Sorrow seems to win,
O'er hope a heavy sway?
Yet Hope again elastic springs,
Unconquered, though she fell,
Still buoyant are her golden wings,
Still strong to bear us well.
Manfully, fearlessly,
The day of trial bear,
For gloriously, victoriously,
Can courage quell despair!

# Part 2

## 명사류 I

# Unit 06

# 명사류 및 문장에서의 역할

동사인 나를 명사로 만들어 주세요

> It's awful not to be loved, it's the worst thing in the world.
> 사랑받지 못한다는 것은 이 세상에서 가장 괴로운 것이다.
>
> 영화 "에덴의 동쪽" 중에서

---

≡ **영작문 필수 구조**

## 명사의 종류

문장에서 쓰이는 명사는 사전에 나와 있는 명사와 사전에 나와 있지 않은 명사가 있습니다. 사전에 나와 있지 않은 명사는 동사를 여러 가지 형태로 변형한 것입니다.

> **명사 역할**
> 문장에서 주어, 목적어, 주격보어, 목적격보어의 역할을 합니다.
>
> **명사로 쓰일 수 있는 형태**
> 동사를 이용하여 다른 품사로 만들어 그 동사가 명사, 형용사, 부사의 의미로 전환됩니다.
> 그 종류에는 to부정사(phrase), 동명사(phrase), 절(clause) 등이 있습니다.

▶ **사전에 없는 명사구 :** 사전에 없는 명사구는 문장의 동사 꼴을 변형시켜 to부정사구 (phrase), 동명사구(phrase)를 만듭니다. 문장의 맨 앞에 접속사를 첨가시켜 명사절을 형성합니다. 사전에 있는 명사만으로는 동작을 나타내는 명사적 역할을 할 수 없어, 동사의 모양을 변형시켜 명사화시켜야 합니다. 이렇게 만들어진 to부정사구(phrase), 동명사구(phrase)가 명사처럼 문장에서 사용됩니다.

---

≡ **영작문 필수 예문**

- company 회사
- duty 의무
- enjoy 즐기다

□ **Tom works hard in this company**.

Tom은 / 일한다 / 열심히 / 이 회사에서

□ **To work hard in this company** is your duty.

일하는 것은 / 열심히 / 이 회사에서 / 이다 / 너의 의무

□ **Working hard in this company** makes your life good.

일하는 것 / 열심히 / 이 회사에서 / 만든다 / 너의 삶을 / 좋게

□ **That Tom works hard in this company** is true.

Tom이 / 일하는 것 / 열심히 / 이 회사에서 / 이다 / 사실

□ Tom enjoys **working hard in this company**.

Tom은 / 즐긴다 / 일하는 것을 / 열심히 / 이 회사에서

□ Jenny knows **how Tom works in this company**.

Jenny는 / 안다 / 어떻게 / Tom이 / 일하는 지 / 이 회사에서

## 스토리 쓰기

다음 스토리를 읽고 영어로 써보세요. Step 1을 먼저 해 본 후, 다음 페이지의 영작 연습과 스토리 쓰기 구조 분석을 해 본 후에 Step 2를 해보세요. 늘어나는 영작문 실력을 금방 확인할 수 있습니다!

• role 역할

• be used 사용되다

• communication 의사소통

• widely 널리

• exchange 교환하다

▶ 컴퓨터는 우리의 일상에서 중요한 역할을 한다. 컴퓨터는 글을 쓰거나 가르치는데 사용되어진다. 그리고 컴퓨터는 의사소통의 도구로서 널리 사용되어진다. 컴퓨터를 사용함으로 우리는 웹사이트를 즐기고 e-mail 메시지를 교환한다. 그리고 우리는 언제 어디서든 뉴스를 신문보다 더 빠르게 접촉할 수 있다.

**Step 1 혼자서 써보기**

--------------------------------------------------

--------------------------------------------------

--------------------------------------------------

--------------------------------------------------

--------------------------------------------------

--------------------------------------------------

--------------------------------------------------

➜ step 2는 다음 페이지의 '영작연습'과 '스토리 구조 분석'을 해본 후 다시 써보세요. 또는 정답을 옮겨 써 보세요.

**Step 2 다시 한번 써보기**

--------------------------------------------------

--------------------------------------------------

--------------------------------------------------

--------------------------------------------------

--------------------------------------------------

--------------------------------------------------

--------------------------------------------------

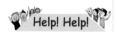
Help! Help!

• hobby 취미
• enjoy 즐기다
• true 사실의

**Step 1** 다음 문장을 영어식 구조를 참고하여 영어로 써보세요.

(1) 요리하는 것은 나의 취미이다. (주어 – to부정사 이용).

→ _____

<sub>영어식</sub>
<sub>구조</sub> 요리하는 것은 / 이다 / 나의 취미

(2) 나는 요리 하는 것을 즐긴다. (목적어 – 동명사 이용)

→ _____

<sub>영어식</sub>
<sub>구조</sub> 나는 / 즐긴다 / 요리 하는 것을

(3) Jenny가 열심히 일하는 것은 사실이다. (주어 – that절 이용)

→ _____

<sub>영어식</sub>
<sub>구조</sub> Jenny가 / 일하는 것은 / 열심히 / 이다 / 사실

(4) 나는 어디에서 Jenny가 열심히 일하는지 알고 있다.

→ _____

<sub>영어식</sub>
<sub>구조</sub> 나는 / 알고 있다 / 어디에서 / Jenny가 / 일하는지 / 열심히

**Step 2** 다음 문장을 영어식 구조를 생각한 후 영어로 써보세요.

• put off 연기하다
• difficult 어려운
• in English 영어로
• way 방법
• understand 이해하다

(1) 나는 왜 Jenny가 열심히 일하는지 알고 있다.

→ _____

(2) Jenny는 Tom을 만나는 것을 연기했다.

→ _____

(3) 영어로 글을 쓰는 것은 어렵지 않다.

→ _____

(4) 그 방법을 이해하는 것이 중요하다.

→ _____

다음 문장은 스토리 쓰기에 나오는 문장들입니다. 영어식 구조를 생각하며 문장을 만들어 본 후, 스토리 쓰기의 Step 2를 해 보세요.

▶ 컴퓨터는 글을 쓰거나 가르치는데 사용되어진다.

→ _____

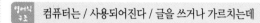 컴퓨터는 / 사용되어진다 / 글을 쓰거나 가르치는데

▶ 컴퓨터는 의사소통의 도구로서 널리 사용되어진다.

→ _____

**영어식 구조** 컴퓨터는 / 사용되어진다 / 널리 / 로서 / 의사소통의 도구

▶ 그리고 우리는 언제 어디서든 뉴스를 신문보다 더 빠르게 접촉할 수 있다.

→ _____

**영어식 구조** 그리고 / 우리는 / 접촉할 수 있다 / 뉴스를 / 보다 / 더 빠르게 / 신문 / 언제 어디서든

 시 험 엿 보 기

— 부사절, 형용사절, 명사절은 어떻게 구별하나요?

문장에서 어떤 위치에서 사용 되고 있느냐가 결정을 하게 만듭니다. 예를 들어 볼까요.

□ He finishes the work.

　그는 / 끝마친다 / 그 일을

□ When he finishes the work, he will go out to meet her.

　때 / 그가 / 끝마칠 / 그 일을, 그는 / 나갈거야 / 만나러 / 그녀를

　→ 부사절로 쓰였으며, 미래시점을 현재 시점으로 씁니다.

□ I don't know when he will finish the work.

　나는 / 모른다 / 언제 / 그가 / 끝마치는지 / 그 일을

　→ 동사 know의 목적절로 쓰였으며, 명사절입니다. 미래시점을 그대로 씁니다.

□ I know the time when he will finish the work.

　나는 / 안다 / 그 시간을 / 그가 / 끝마치는 / 그 일을

　→ the time을 수식하여 주는 형용사 역할을 하고 있습니다. 따라서 형용사절입니다.

# 동사를 명사로 역할 변형하기

동사야, 너도 명사역할 해 보렴!

> Painting is complete as a distraction.
> 그림을 그리는 것은 하나의 오락(기분전환)으로서 완벽하다.
>
> Winston Churchill의 "Painting As a Pastime" 중에서

## ▤ 영작문 필수 구조

**동사를 명사로 역할 변형하기**

문장에서 명사의 역할이 필요한 곳에는 반드시 명사의 역할(function) 구조로 만들어 주어야 합니다.

> **명사구 만들기**
> 주어를 제외한 부분, 즉 동사 부분부터 to부정사구(phrase), 동명사구(phrase)로 변형하여 쓸 수 있습니다.
> He takes a walk every morning for health.
> 그는 / 산책 한다 / 아침마다 / 건강을 위해서
> 부정사 형태 : to take a walk every morning for health
>     산책하는 것 / 아침마다/건강을 위해 : to부정사구(phrase)-명사역할
> 동명사 형태 : taking a walk every morning for health
>     산책하는 것/아침마다/건강을 위해서 : 동명사구(phrase)-명사역할

▶ **절(clause) 만들기** : 문장의 맨 앞에 접속사를 첨가합니다.

　　형태 : that he takes a walk every morning for health
　　　　　그가 산책하는 것/아침마다/건강을 위해
　　　　　→ 절(clause)-명사역할

## ▤ 영작문 필수 예문

- take a walk 산책하다
- health 건강
- true 사실의

☐ **To take a walk every morning is good for health.**
　산책 하는 것은 / 아침마다 / 좋다 / 건강에

☐ I want **to take a walk every morning for health.**
　나는 / 원한다 / 산책 하는 것을 / 아침마다 / 건강을 위해

☐ I think **that he takes a walk every morning for health.**
　나는 / 생각한다 / 그가 / 산책 한다고 / 아침마다 / 건강을 위해

☐ The news **that he takes a walk every morning is true.**
　그 소식은 / 그가 / 산책 한다는 / 아침마다 / 사실이다

☐ He enjoys **taking a walk every morning for health.**
　그는 / 즐긴다 / 산책 하는 것을 / 아침마다 / 건강을 위해

다음 스토리를 읽고 영어로 써보세요. Step 1을 먼저 해 본 후, 다음 페이지의 영작 연습과 스토리 쓰기 구조 분석을 해 본 후에 Step 2를 해보세요. 늘어나는 영작문 실력을 금방 확인할 수 있습니다!

• mobile phone 이동전화
• convenient 편리한
• tool 도구
• public area 공공장소
• etiquette 예절

▶ 이동전화는 매우 편리한 도구이다. 나는 그것들 없이 살 수 없다. 그러나 우리들은 공공장소에서 그것들을 사용할 때, 예절을 지키지 않는다. 이것은 매우 무례하다. 우리는 공공장소에서 예절을 지켜야만 한다.

### Step 1 혼자서 써보기

<br><br><br><br><br><br>

→ step 2는 다음 페이지의 '영작연습'과 '스토리 구조 분석'을 해본 후 다시 써보세요. 또는 정답을 옮겨 써 보세요.

### Step 2 다시 한번 써보기

<br><br><br><br><br>

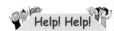

**Help! Help!**

• take a walk  산책하다
• delay  연기하다
• hobby  취미
• believe  믿다

**Step 1**  다음 문장을 영어식 구조를 참고하여 영어로 써보세요.

(1) 산책하는 것은 나의 취미이다.

→ _____

> **영어식구조**  산책하는 것은 / 이다 / 나의 취미

(2) 그는 아침마다 산책하는 것을 연기했다.

→ _____

> **영어식구조**  그는 / 연기했다 / 산책하는 것을 / 아침마다

(3) 나는 그가 아침마다 산책한다는 것을 믿는다.

→ _____

> **영어식구조**  나는 / 믿는다 / 그가 / 산책한다는 것을 / 아침마다

(4) 나의 취미는 아침마다 산책하는 것이다.

→ _____

> **영어식구조**  나의 취미는 / 이다 / 산책하는 것 / 아침마다


**Step 2**  다음 문장을 영어식 구조를 생각한 후 영어로 써보세요.

• expect  희망하다
• health  건강

(1) Tom은 아침마다 산책하는 것을 멈추었다.

→ _____

(2) Tom은 아침마다 산책하는 것을 희망한다.

→ _____

(3) Tom이 아침마다 산책하는 것은 나를 기쁘게 했다.

→ _____

(4) 아침마다 산책하는 것은 나의 건강에 좋다.

→ _____

다음 문장은 스토리 쓰기에 나오는 문장들입니다. 영어식 구조를 생각하며 문장을 만들어 본 후,
스토리 쓰기의 Step 2를 해 보세요.

▶ 우리들은 공공장소에서 이동전화를 사용할 때,

→ _____

**영어식 구조** 때 / 우리들은 / 사용할 / 이동전화를 / 에서 / 공공장소

▶ 우리는 공공장소에서 예절을 지켜야 한다.

→ _____

**영어식 구조** 우리는 / 지켜야 한다 / 예절을 / 공공장소에서

 시험 엿보기

— 영어 어순과 직독직해의 중요성

  "직독직해"의 의미는 영어 문장의 어순에 맞춰 각각의 의미 단위로 끊어 우리말로 이해하는 것을
  말합니다. 우리말에 맞춰서 영어 문장을 이해하는 것이 아닙니다.

— 영어를 해석할 때 대부분 사람들은 영어 문장을 모두 읽고 우리말로 해석을 합니다.

  그러나 영어식 어순의 이해를 한다면, 글을 읽을 때 문장의 처음부터 순서대로 의미 단위에 따라 영
  문을 읽고 이해할 수 있습니다. 영어를 배우는데, 직독직해 방법을 적용하면, 글을 읽으면서 영어의
  문법을 스스로 이해하는 계기가 됩니다. 이것이 가장 효과적인 영어 교육 방법입니다.

# to부정사구

## 난, 미래형 동사야, 역할은 명사!

> I learned that it is possible for us to create light and sound within us.
> 나는 우리의 내부에서 빛과 음을 창조한다는 것이 가능하다는 것을 알았다.
>
> Helen Keller의 "The Story of My Life"중에서

### 영작문 필수 구조

#### to부정사구(phrase)

to부정사 구문을 문장에서 명사의 역할(function)을 할 수 있도록 합니다. 따라서 문장에서 주어, 목적어, 보어의 역할로 쓰이게 합니다.

> **to부정사구의 역할**
> 동사 그 자체로는 문장에서 명사, 형용사처럼 역할을 할 수 없습니다. 또한 부사처럼 동사나 형용사 등을 꾸며줄 수가 없습니다. 그러나 동사원형 앞에 to를 붙이면 동사가 명사, 형용사, 부사처럼 다른 품사의 역할을 수행합니다.

### 영작문 필수 예문

- hobby 취미
- foreign 외국의
- stamp 우표
- collect 모으다
- protect 보호하다
- duty 의무

☐ **I read many books in the library.**

　나는 / 읽는다 / 많은 책을 / 도서관에 있는

☐ **I want to read many books in the library.**

　나는 / 원한다 / 읽는 것을 / 많은 책을 / 도서관의

☐ **He built a beautiful house.**

　그는 / 지었다 / 아름다운 집을

☐ **He expected to build a beautiful house.**

　그는 / 기대했다 / 짓는 것을 / 아름다운 집을

☐ **My hobby is to collect foreign stamps.**

　나의 취미는 / ~이다 / 모으는 것 / 외국 우표를

☐ **Your duty is to protect people.**

　너의 의무는 / ~이다 / 보호하는 것 / 사람들을

다음 스토리를 읽고 영어로 써보세요. Step 1을 먼저 해 본 후, 다음 페이지의 영작 연습과 스토리 쓰기 구조 분석을 해 본 후에 Step 2를 해보세요. 늘어나는 영작문 실력을 금방 확인할 수 있습니다!

• jog 조깅하다
• wake up 깨우다
• sound 소리
• naturally 자연스럽게
• neighbor 이웃
• light 가벼운
• exercise 운동

▶ Tom은 매일 아침 조깅을 하기 위하여 일찍 일어난다. 그는 아이들을 깨우기 위하여 그의 부인이 피아노 치기를 원한다. 그녀가 피아노를 연주하는 소리는 그의 아이들이 자연스럽게 일어나게 만든다. 나의 이웃들은 그의 가족들이 길에서 조깅하는 것을 본다. 그의 가족들은 1년 동안 매일 아침에 조깅을 하고 있다. 가족과 함께 조깅을 시도해 보세요, 그러면 당신은 그처럼 행복한 하루를 시작할 것입니다.

### Step 1 혼자서 써보기

### Step 2 다시 한번 써보기

➡ step 2는 다음 페이지의 '영작연습'과 '스토리 구조 분석'을 해본 후 다시 써보세요. 또는 정답을 옮겨 써 보세요.

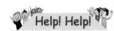
Help! Help!

- useful 유용한
- keep 간직하다
- friendship 우정
- job 직업
- ask 요청하다
- products 제품
- take care of 돌보다
- husband 남편

**Step 1** 다음 문장을 영어식 구조를 참고하여 영어로 써보세요.

(1) 미래를 위하여 책을 많이 읽는 것은 유익하다.

→ _____

영어식
구조  읽는 것 / 많은 책을 / 위해 / 미래를 / 하다 / 유익한

(2) 좋은 우정을 간직하는 것은 중요하다.

→ _____

영어식
구조  간직하는 것 / 좋은 우정을 / 이다 / 중요(한)

(3) Anna의 직업은 사람들에게 그 물건을 사도록 요청하는 것이다.

→ _____

영어식
구조  Anna의 직업은 / 이다 / 요청하는 것 / 사람들에게 / 사도록 / 물건을

(4) Anna는 그녀의 남편이 일요일마다 그녀의 아기를 돌보기 원한다.

→ _____

영어식
구조  Anna는 / 원한다 / 그녀의 남편이 / 돌보기를 / 그녀의 아기를 / 일요일마다

**Step 2** 다음 문장을 영어식 구조를 생각한 후 영어로 써보세요.

- job 일
- guide 안내하다
- tourist 관광객
- museum 박물관
- enjoy 즐기다
- ride 타다

(1) Jenny의 일은 이 회사에서 잡지를 출판하는 것이다.

→ _____

(2) Anna의 직업은 박물관에서 관광객을 안내하는 것이다.

→ _____

(3) 나는 일요일마다 도서관에서 독서하는 것을 즐긴다.

→ _____

(4) 나의 목표는 자전거 타는 방법을 배우는 것이다.

→ _____

## 스토리 쓰기 구조 분석

다음 문장은 스토리 쓰기에 나오는 문장들입니다. 영어식 구조를 생각하며 문장을 만들어 본 후, 스토리 쓰기의 Step 2를 해 보세요.

▶ 그녀가 피아노를 연주하는 소리는 그의 아이들이 자연스럽게 일어나게 만든다.

→ _____

 소리는 / 그녀가 / 연주하는 / 피아노 / 만든다 / 그의 아이들이 / 일어나게 / 자연스럽게

▶ 이웃들은 그의 가족들이 길에서 조깅하는 것을 본다.

→ _____

 이웃들은 / 본다 / 그의 가족들이 / 조깅하는 것을 / 길에서

 시험 엿보기

— 의미상의 주어 앞에 전치사 of 혹은 for를 쓰는데 왜 그럴까요?
사람이 주어일 때, 보어로써 형용사가 와서 문장이 성립되면 전치사 of를 사용합니다. 성립이 안 되면 전치사 for를 쓴다.

- He is kind (stupid, foolish, clever) to show me the way.
  → 위의 형용사들은 주어인 사람과 보어로 쓰일 때, 문장이 형성됩니다. 문장이 성립되니 전치사 of를 씁니다.
- It is kind of him to show me the way.
  친절하다 / 그가 / 가리켜주니 / 나에게 / 길을
- He is difficult (natural, necessary) to show me the way. ( X )
  → 위의 형용사들은 주어인 사람과 보어로 쓰일 때, 문장 성립이 되지 않습니다. 문장이 성립이 되지 않기 때문에 전치사 for를 씁니다.
- It is difficult for him to solve the question.
  어렵다 / 그가 / 푸는 것은 / 문제를

# Unit 09

## 동명사구

난, 현재와 과거형 동사야. 역할은 명사!

It is no use crying over spilt milk.
우유를 엎지른 후 울어도 소용없다.(이미 지나간 일은 후회해도 소용없다)

"영어 속담" 중에서

### 영작문 필수 구조

**동명사구**

동명사구(phrase)를 문장에서 명사의 역할(function)을 할 수 있도록 만듭니다. 따라서 문장에서 주어, 목적어, 보어의 역할로 쓰이게 됩니다.

> **동명사구의 역할**
> 동사 그 자체로는 문장에서 명사, 형용사처럼 역할을 할 수 없습니다. 또한 부사처럼 동사나 형용사 등을 꾸며줄 수가 없습니다. 그러나 동사원형 뒤에 '~ing'를 붙이면 동사가 명사처럼 명사의 역할을 수행합니다.

### 영작문 필수 예문

- intelligent 지적인
- give up 포기하다
- deny 거절하다
- look forward to ~ing 고대하다
- seminar 세미나

☐ **I get up early in the morning.**
나는 / 일어난다 / 일찍 / 아침에

☐ **Getting up early in the morning** is good.
일어나는 것은 / 일찍 / 아침에 / 이다 / 좋은 것

☐ **I read newspaper.**
나는 / 읽는다 / 신문을

☐ **Reading newspaper** makes me an intelligent person.
신문 읽는 것이 / 만들었다 / 나를 / 지적인 사람으로

☐ The boy **reading newspaper** looked at me.
그 소년이 / 읽고 있는 / 신문을 / 보았다 / 나를

☐ He gave up **meeting the lady**.
그는 / 포기했다 / 만나는 것을 / 그 숙녀를

☐ Tom denied **finishing the work by tomorrow**.
Tom은 / 거절했다 / 끝마치는 것을 / 그 일을 / 내일까지

☐ She is looking forward **to attending the seminar**.
그는 / 고대 한다 / 참여하는 것을 / 그 세미나에

다음 스토리를 읽고 영어로 써보세요. Step 1을 먼저 해 본 후, 다음 페이지의 영작 연습과 스토리 쓰기 구조 분석을 해 본 후에 Step 2를 해보세요. 늘어나는 영작문 실력을 금방 확인할 수 있습니다!

• habit  습관

• useful  유용한

• light  가벼운

• exercise  운동

• mental  정신적인

• physical  신체적인

• condition  조건

• active  활동적인

▶ 일찍 일어나는 것은 좋은 습관이다. 일찍 자는 것도 또한 중요하다. 사람들은 하루에 8시간을 자야한다. 만약 사람들이 밤에 잠을 잘 못자면, 그들은 낮에 일을 잘 할 수 없다. 일을 잘 하기 위해서, 사람들은 좋은 정신적 그리고 신체적 조건을 가져야 한다. 밤에 잠을 잘 자는 것은 사람들이 활동적이고 좋은 정신적 신체적인 조건을 유지하게 돕는다.

#### Step 1 혼자서 써보기

----

----

----

----

----

----

➡ step 2는 다음 페이지의 '영작연습'과 '스토리 구조 분석'을 해본 후 다시 써 보세요. 또는 정답을 옮겨 써 보세요.

#### Step 2 다시 한번 써보기

----

----

----

----

----

----

## 영작연습

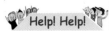

**Help! Help!**

• fresh 신선한
• dangerous 위험한
• avoid 피하다

**Step 1** 다음 문장을 영어식 구조를 참고하여 영어로 써보세요.

(1) 매일 아침 기타 치는 것은 나를 신선하게 만든다.

→ _____

> **영어식 구조** 기타 치는 것은 / 매일 아침 / 만든다 / 나를 / 신선하게

(2) 이 강에서 수영을 하는 것은 매우 위험하다.

→ _____

> **영어식 구조** 수영을 하는 것 / 이 강에서 / 이다 / 매우 위험(한)

(3) Tom은 잠자기 전에 음악 듣기를 즐긴다.

→ _____

> **영어식 구조** Tom은 / 즐긴다 / 음악듣기를 / 잠자기 전에

(4) Tom은 그곳에 가는 것을 피했다.

→ _____

> **영어식 구조** Tom은 / 피했다 / 가는 것을 / 그곳에

**Step 2** 다음 문장을 영어식 구조를 생각한 후 영어로 써보세요.

• fishing 낚시질
• foreign 외국의
• avoid 피하다
• climb 오르다
• stamps 우표
• collect 수집하다

(1) 나는 이 강에서 낚시질하는 것을 즐겼다.

→ _____

(2) 나의 취미는 친구들과 함께 이 강에서 수영하는 것이다.

→ _____

(3) 나는 Jane과 함께 산에 오르는 것을 피했다.

→ _____

(4) 나의 취미는 외국 우표를 수집하고 파는 것이다.

→ _____

다음 문장은 스토리 쓰기에 나오는 문장들입니다. 영어식 구조를 생각하며 문장을 만들어 본 후,
스토리 쓰기의 Step 2를 해 보세요.

▶ 일찍 일어나는 것은 매우 좋은 습관이다.

→ _____

 일어나는 것은 / 일찍 / 이다 / 매우 좋은 습관

▶ 잠을 잘 자기 위해서는 좋은 습관을 만들어야 한다.

→ _____

 사람들은 / 만들어야 한다 / 좋은 습관을 / 잠자기 위해서는 / 잘

 시험 엿보기

— 아래의 몇 개 단어들은 동사의 목적어로 to부정사가 올 때와 동명사가 올 때 서로 의미가 다릅니다.

(의미가 달라지는 to + R, ~ing) forget, remember, try, stop, regret 등
목적어로서 to부정사 – 미래에 해야 할 행동에 역점을 둡니다.
목적어로서 ~ing (동명사) – 현재, 과거의 하였던 행동에 역점을 둡니다.

□ I remember going there last year.
　나는 / 기억한다 / 갔던 것을 / 그 곳에 / 작년에
□ Don't forget mailing that letter yesterday.
　잊지 마세요 / 부쳤던 것을 / 그 편지를 / 어제
□ He stopped smoking for health.
　그는 / 끊었다 / 담배를 / ~위해서 / 건강을

□ Don't forget to mail this letter tomorrow.
　잊지 마세요 / 부칠 것을 / 이 편지를 / 내일
□ I remember to go there tomorrow.
　나는 / 기억 한다 / 갈 것을 / 그 곳에 / 내일
□ He stopped to watch the the game.
　그는 / 멈추었다 / 보려고 / 그 게임을

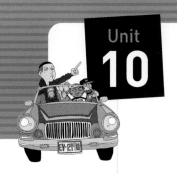

# 동사의 기능 변화 만들기

## 동사인 나, 변신을 잘 해요

> I realize, of course, that it's no shame to shame to be poor. But it's no great honor, either.
> 사실 가난은 수치가 아니다. 그러나 결코 대단한 명예도 아니다.
>
> 영화 "지붕위의 바이올린" 중에서

## 📑 영작문 필수 구조

### 동사의 기능 변화

동사는 동사 자체의 의미는 변하지 않지만 문장에서 문법적인 기능은 변화 시킬 수 있습니다. 즉 동사의 역할(function)에서 명사, 형용사, 부사의 역할로 기능이 변화가 됩니다.

## 📑 영작문 필수 예문

- a day 하루에
- dislike 싫어하다
- habit 습관

☐ **Eating an apple a day** is good.
　먹는 것은 / 한 개의 사과를 / 이다 / 좋은 것

☐ **To eat an apple a day** is good.
　먹는 것은 / 한 개의 사과를 / 이다 / 좋은 것

☐ I want **to eat an apple a day**.
　나는 / 원한다 / 먹는 것 / 한 개의 사과를 / 하루에

☐ I **eat** much food at dinner.
　나는 / 먹는다 / 많은 음식을 / 저녁식사에

☐ I dislike **to eat much food at dinner**.
　나는 / 싫어한다 / 먹는 것을 / 많은 음식을 / 저녁식사에

☐ My bad habit is **to eat too much food at dinner**.
　나의 나쁜 습관은 / 이다 / 먹는 것 / 너무 많은 음식을

☐ I didn't have lunch **to eat much food at dinner**.
　나는 / 하지 않았다 / 점심을 / 먹으려고 / 많은 음식을 / 저녁 식사에

다음 스토리를 읽고 영어로 써보세요. Step 1을 먼저 해 보신 후, 다음 페이지의 영작 연습과 스토리 쓰기 구조 분석을 해 본 후 Step 2를 해보세요. 늘어나는 영작문 실력을 금방 확인할 수 있습니다!

- knight 기사
- hero 영웅
- ride 타다
- armor 갑옷
- image 이미지
- be fascinated 매료 되다
- evil 악

▶ 많은 어린이들이 기사가 되고 싶은 것은 사실입니다. 나는 많은 어린이들이 기사를 그들의 영웅으로 생각하는 이유를 당신에게 말하겠습니다. 기사들은 최고의 말을 타고 반짝이는 갑옷을 입었습니다. 많은 어린이들은 항상 기사의 이미지에 매료되어지고 있습니다. 많은 어린이들은 기사들은 항상 악과 대항해서 정의를 위해서 싸웠다고 알고 있습니다.

Step 1 혼자서 써보기

---

---

---

---

---

---

➡ step 2는 다음 페이지의 '영작연습'과 '스토리 구조 분석'을 해본 후 다시 써 보세요. 또는 정답을 옮겨 써 보세요.

Step 2 다시 한번 써보기

---

---

---

---

---

---

---

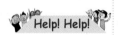

Help! Help!

• attend 참여하다
• why 왜
• duty 임무

**Step 1** 다음 문장을 영어식 구조를 참고하여 영어로 써보세요.

(1) 그 미팅에 참여하는 것은 그 숙녀의 임무이다.

→ _____

> **영어식 구조** 참여하는 것은 / 그 미팅에 / ~이다 / 그 숙녀의 임무

(2) 그 숙녀는 그 미팅에 참여하는 것을 좋아한다.

→ _____

> **영어식 구조** 그 숙녀는 / 좋아한다 / 참여하는 것을 / 그 미팅에

(3) 너는 그 숙녀가 왜 그 미팅에 참여하는지 아느냐?

→ _____

> **영어식 구조** 너는 아느냐 / 왜 / 그 숙녀가 / 참여하는 지 / 그 미팅에

(4) 나는 그 숙녀가 그 미팅에 참여하는 그 시간을 모른다.

→ _____

> **영어식 구조** 나는 / 모른다 / 그 시간을 / 그 숙녀가 / 참여하는 / 그 미팅에

**Step 2** 다음 문장을 영어식 구조를 생각한 후 영어로 써보세요.

• save 저금하다
• give up 포기하다

(1) 많은 돈을 저축하는 것은 나의 임무이다.

→ _____

(2) Victor는 많은 돈을 저축하는 것을 포기했다.

→ _____

(3) Jason의 임무는 많은 돈을 저축하는 것이다.

→ _____

(4) Tom이 어떻게 많은 돈을 저축하는지 나에게 말해 주시오.

→ _____

다음 문장은 스토리 쓰기에 나오는 문장들입니다. 영어식 구조를 생각하며 문장을 만들어 본 후, 스토리 쓰기의 Step 2를 해 보세요.

▶ 많은 어린이들이 기사가 되고 싶은 것은 사실이다.

→ _____

> **영어식 구조** 이것은 / 사실이다 / 많은 어린이들이 / 기사가 되고 싶은 것은

▶ 많은 어린이들은 기사의 이미지에 매료되어 왔습니다.

→ _____

> **영어식 구조** 많은 어린이들은 / 매료되어 왔습니다 / 이미지 / 기사의

▶ 많은 어린이들은 기사들은 항상 악과 대항해서 정의를 위해서 싸웠다고 알고 있습니다.

→ _____

> **영어식 구조** 많은 어린이들은 / 알고 있습니다 / 기사들은 / 항상 / 싸웠다고 / 악과 / ~위해서 / 정의를

 시험 엿보기

── 부정사만을 반드시 목적어로 필요로 하는 동사

미래에 할 행동에 초점을 두고 있습니다.

- ☐ want, expect, hope, wish, plan, decide, intend, promise, order, ask, agree
- ☐ He expects to travel all around the world with her.
  그는 / 기대 한다 / 여행 하는 것을 / 세계를 / 함께 / 그 여자와
- ☐ He expects her to travel all around the world.
  그는 / 기대 한다 / 그 여자가 / 여행 하는 것을 / 세계를
- ☐ I asked the lady to visit there.
  나는 / 요청했다 / 그 숙녀가 / 방문하도록 / 그 곳을

주제 : 도시의 나무들의 혜택

도시의 나무들은 우리에게 많은 혜택을 준다.

첫 번째, 나무들은 우리에게 아름다운 경치를 주고 우리의 개인적인 건강을 증진시켜준다. 그들은 우리의 환경과 우리의 삶의 질을 증진한다. 그들은 도시들을 아름답게 만든다. 그들은 우리에게 화려한 꽃들과 그리고 아름다운 모습을 제공한다.

두 번째, 그들은 우리의 감정에 영향을 미치고 많은 정신적인 혜택을 제공한다. 건강한 숲은 인간이 건강을 유지하는 필수적인 요소이다. 우리가 나무의 광경을 볼 때, 우리는 차분하고 평화로움을 느낀다. 그러므로 우리는 우리의 건강과 정신적인 조건을 증진하기 위하여 많은 나무들을 심고 가꾸어야만 한다.

---

**어휘**

- **benefit** 혜택
- **provide** 주다
- **personal** 개인적인
- **environment** 환경
- **quality** 질

- **influence** 영향을 미치다
- **emotion** 감정
- **essential** 필요한
- **factor** 요소
- **calm** 차분한

---

**Tips** ■ Essay 구성 원칙

Main idea (주제문) → Support (주제문 뒷받침) → Conclusion (결론)

첫 번째, 주제를 뒷받침해주는 main idea를 작성합니다.
두 번째, 이 주제문을 뒷받침하여 주는 문장을 2~3개 작성합니다.
마지막으로 주제문을 다시 강조해주는 문장을 만들어 주는 것이 essay의 기본구조입니다.

\*

위 문장을 예를 들면, 도시의 나무들의 혜택을 main idea로 정했습니다. 이를 뒷받침하여 주는 문장이 나와야겠지요. 따라서 우리의 환경과 삶의 질 그리고 우리의 감정에 영향을 미친다는 문장이 있습니다. 따라서 우리는 나무가 중요하니 잘 가꾸어야 한다고 main idea를 다시 강조하고 있습니다.

# A Birthday

Christina Rossetti

My heart is like a singing bird

Whose nest is in a water'd shoot;

My heart is like an apple-tree

Whose boughs are bent with thick-set fruit;

My heart is like a rainbow shell

That paddles in a halcyon sea;

My heart is gladder than all these,

Because my love is come to me.

# 명사류 Ⅱ

# 11 절을 명사의 역할로 변형하기

주어가 너무 길어요

> A man takes a job, you know and that job becomes what he is.
> 너도 알다시피, 인간이 한 직업에 종사하다보면, 그 직업이 그의 모습이 되는 거야.
>
> 영화 "Taxi Driver" 중에서

## 영작문 필수 구조

### 명사절 만들기

문장전체를 문장에서 명사의 역할(function)로 사용을 할 때는 문장의 맨 앞에 접속사를 첨가하여 명사절(clause)을 만듭니다.

> **절을 명사의 역할로 변형하기**
> 명사절(clause) : 문장의 맨 앞에 접속사를 놓으면 문장이 아닌 절(clause)이 됩니다. 이 절을 문장에서 명사역할을 하도록 하는 것을 말합니다.
> 만드는 방법 : 문장의 맨 앞에 접속사 that을 첨가 합니다.
> 역할 : 명사의 역할을 합니다. – 주어, 목적어, 보어로 쓰입니다.
> 　　　 형용사의 역할을 합니다. – 문장에서 명사를 수식하여 줍니다.

▶ **절(clause)을 만드는데 쓸 수 있는 접속사와 역할**

☐ that – 종속절을 만든다. 명사적, 형용사적, 동격절로 쓰입니다.

☐ if, whether – ~인지 아닌지에 관해서 나타낼 때 쓰입니다.

☐ why – 이유에 관해서 나타낼 때 쓰입니다.　☐ how – 방법에 관해서 나타낼 때 쓰입니다.

☐ where – 장소에 관해서 나타낼 때 쓰입니다.　☐ when – 시간에 관해서 나타낼 때 쓰입니다.

## 영작문 필수 예문

•true　사실

•have to　~해야 한다

•find out　찾다

☐ **He went to America.**　그는 / 갔다 / 미국으로

☐ **that he went to America**　그가 간 것 / 미국에

☐ **if(whether) he went to America**　그가 갔는지 안 갔는지 / 미국에

☐ **why he went to America**　왜 / 그가 / 갔는지 / 미국에

☐ **how he went to America**　어떻게 / 그가 / 갔는지 / 미국에

☐ **where he went**　어디로 / 그가 / 갔는지

☐ **when he went to America**　언제 / 그가 / 갔는지 / 미국에

☐ **That he went to America is true.**　그가 미국에 간 것은 / ~이다 / 사실

☐ I want to know **how he went to America.**
　　나는 / 알고 싶다 / 어떻게 / 그가 / 갔는지 / 미국에

☐ You have to find out **where he went.**　너는 / 찾아야한다 / 어디로 / 그가 / 갔는지

다음 스토리를 읽고 영어로 써보세요. Step 1을 먼저 해 보신 후, 다음 페이지의 영작 연습과 스토리 쓰기 구조 분석을 해 본 후 Step 2를 해보세요. 늘어나는 영작문 실력을 금방 확인할 수 있습니다!

* greet 반갑게 맞다, 인사하다
* limitless 무한한
* hug 껴안다
* feel 느끼다
* each other 서로서로

▶ Jenny는 부엌으로 갔다. 엄마는 요리를 하고 있었고 그녀를 반갑게 맞았다. Jenny는 그녀의 어머니를 껴안았다. Jenny에게 무한한 사랑을 주는 엄마는 행복을 느꼈다. 이것이 Jenny와 엄마가 서로 좋아했던 이유였다.

**Step 1 혼자서 써보기**

**Step 2 다시 한번 써보기**

➡ step 2는 다음 페이지의 '영작연습'과 '스토리 구조 분석'을 해본 후 다시 써 보세요. 또는 정답을 옮겨 써 보세요.

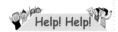
Help! Help!

• believe 믿다
• tell 말하다
• know 알다

**Step 1** 다음 문장을 영어식 구조를 참고하여 영어로 써보세요.

(1) 나는 그 여자가 피아노를 잘 친다고 믿는다. (that 이용)

→ _____

영어식
구조  나는 / 믿는다 / 그 여자가 / 친다고 / 피아노를 잘

(2) 그녀가 피아노를 잘 연주하는지 못 하는지 나에게 말해 주시오. (whether 이용)

→ _____

영어식
구조  말해 주시오 / 나에게 / 그녀가 / 연주하는지 / 피아노를 / 잘 연주하는지 못 연주하는지

(3) 그녀가 왜 피아노를 잘 연주하는지 나에게 말해 주시오. (why 이용)

→ _____

영어식
구조  말해 주시오 / 나에게 / 왜 / 그녀가 / 연주하는지 / 피아노를 / 잘

(4) 나는 그녀가 언제 피아노를 연주하는지 안다. (when 이용)

→ _____

영어식
구조  나는 / 안다 / 언제 / 그녀가 / 연주하는지 / 피아노를

**Step 2** 다음 문장을 영어식 구조를 생각한 후 영어로 써보세요.

• know 알다
• learn 배우다
• reason 이유
• diary 일기

(1) 나는 그녀가 어디에서 피아노를 연주하는지 안다. (where 이용)

→ _____

(2) 나는 어떻게 그녀가 피아노를 잘 연주하는지 배우고 싶다. (how 이용)

→ _____

(3) Tom이 한국어로 일기를 쓰는 이유는 한국어를 잘 배우기 위해서다. (why 이용)

→ _____

(4) Tom이 한국어로 일기를 쓰는 것은 놀라운 일이다. (that 이용)

→ _____

다음 문장은 스토리 쓰기에 나오는 문장들입니다. 영어식 구조를 생각하며 문장을 만들어 본 후, 스토리 쓰기의 Step2를 해 보세요.

▶ 엄마는 요리를 하고 있었고, 그녀를 반갑게 맞았다.

→ _____

> **영어식 구조** 엄마는 / 요리를 하고 있었다 / 그리고 / 반갑게 맞았다 / 그녀를

▶ Jenny에게 무한한 사랑을 주는 엄마는 행복을 느낀다.

→ _____

> **영어식 구조** 엄마는 / 주는 / 무한한 사랑을 / Jenny에게 / 느꼈다 / 행복을

▶ 이것이 Jenny와 엄마가 서로 좋아했던 이유였다.

→ _____

> **영어식 구조** 이것이 / ~였다 / 그 이유 / Jenny와 / 엄마가 / 좋아했던 / 서로

시험 엿보기

— 문장의 중간에 의문사가 있을 경우에는 의문사의 기능일까요, 접속사의 기능일까요?

□ I want to know how he went to America.
나는 / 알고싶다 / 어떻게 / 그가 / 미국에 갔는지

□ You have to find out where he went.
너는 / 찾아야 한다 / 어디로 / 그가 / 갔는지

**위 문장은 간접의문문입니다.**

문장의 중간에 의문사가 있으면, 그것은 의문사의 기능이 아닌 접속사의 기능을 하고 있습니다. 따라서 접속사 뒤에는 주어 동사의 어순이 됩니다.

# Unit 12

## that절

### 나는 중매쟁이야

> The essence of this story is that one individual can change things.
> 이 이야기의 핵심은 단 한명의 인간이 변화를 시킬 수 있다는 것이죠.
>
> 영화 "쉰들러 리스트" 중에서

## 영작문 필수 구조

### 문장을 절로 만들 때

문장을 한 개의 절(clause)로 만들어서 명사의 역할(function)로 이용을 할 때는 반드시 접속사가 있어야 합니다.

> **that 절(clause)**
> 문장의 맨 앞에 접속사인 that을 첨가합니다.
> 이 절을 문장에서 명사, 형용사처럼 역할을 하게 합니다.

## 영작문 필수 예문

• delicious 맛있는

• true 사실

☐ **Jack cooks delicious food.**
   잭은 / 요리한다 / 맛있는 음식을

☐ that Jack cooks delicious food
   Jack이 요리한 것 / 맛있는 음식을

☐ That Jack cooks delicious food is true.
   Jack이 요리하는 것은 / 맛있는 음식을 / 이다 / 사실

☐ It is true **that Jack cooks delicious food**.
   사실이다 / Jack이 / 요리하는 것은 / 맛있는 음식을

☐ I believe **that Jack cooks delicious food**.
   나는 / 믿는다 / Jack이 / 요리한다는 것을 / 맛있는 음식을

☐ The news is **that Jack cooks delicious food**.
   그 소식은 / 이다 / Jack이 / 요리한다는 / 맛있는 음식을

다음 스토리를 읽고 영어로 써보세요. Step 1을 먼저 해 보신 후, 다음 페이지의 영작 연습과 스토리 쓰기 구조 분석을 해 본 후 Step 2를 해보세요. 늘어나는 영작문 실력을 금방 확인할 수 있습니다!

- be known to ~에 알 려지다
- protect 보호하다
- donate 기부하다
- committee 위원회

▶ 사람들이 책을 쓴다는 것은 매우 중요하고 유익한 일이다. Jenny는 동물에 관한 많은 책을 20년 동안 써오고 있다. Jenny에 의해 쓰여진 책들은 사람들에게 잘 알려져 있 다. 동물들을 보호하기 위하여, 그녀는 많은 돈을 그 위원회에 기부한다. 그녀는 많은 동물들을 보호하기 위하여 열심히 일하고 있다.

### Step 1 혼자서 써보기

---

---

---

---

---

---

---

---

---

---

---

---

➡ step 2는 다음 페이 지의 '영작연습'과 '스토리 구조 분석' 을 해본 후 다시 써 보세요. 또는 정답을 옮겨 써 보세요.

### Step 2 다시 한번 써보기

---

---

---

---

---

---

---

---

---

---

---

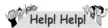
## Help! Help!

- honest 정직한
- complete 완수하다
- surprising 놀라운
- spread 퍼지다

**Step 1** 다음 문장을 영어식 구조를 참고하여 영어로 써보세요.

(1) 그가 정직한 것은 사실이다.

→ _____

> **영어식구조** 그가 정직한 것은 / 이다 / 사실

(2) 그가 그 어려운 일을 완수했던 것은 놀라운 소식이다.

→ _____

> **영어식구조** 그가 완수했던 것은 / 그 어려운 일을 / 이다 / 놀라운 / 소식

(3) 나는 그가 정직하다는 것을 안다.

→ _____

> **영어식구조** 나는 / 안다 / 그가 / 정직하다는 것을

(4) 그가 의사가 되었다는 소식은 나를 행복하게 만들었다.

→ _____

> **영어식구조** 소식은 / 그가 / 되었다는 / 의사가 / 만들었다 / 나를 / 행복하게

**Step 2** 다음 문장을 영어식 구조를 생각한 후 영어로 써보세요.

- fact 사실인
- goal 목표
- pass 통과하다

(1) 사실은 그가 그 시험에 통과했다는 것이다.

→ _____

(2) 그의 어머니의 목표는 그가 열심히 공부하는 것이다.

→ _____

(3) 그 여자가 그 산으로 갔던 것은 사실이다.

→ _____

(4) 나는 그 여자가 그 산으로 갔다는 것을 들었다.

→ _____

다음 문장은 스토리 쓰기에 나오는 문장들입니다. 영어식 구조를 생각하며 문장을 만들어 본 후, 스토리 쓰기의 Step2를 해 보세요.

▶ Jenny는 동물에 관한 많은 책을 20년 동안 써오고 있다.

→ _____

 Jenny는 / 써오고 있다 / 많은 책을 / 동물에 관한 / 동안 / 20년

▶ 그녀가 쓴 책들은 사람들에게 잘 알려져 있다.

→ _____

 책들은 / 쓰여진 / 그녀에 의해서 / 알려져 있다 / 잘 / 사람들에게

▶ 그녀는 많은 돈을 그 위원회에 기부한다.

→ _____

 그녀는 / 기부한다 / 많은 돈을 / 그 위원회에

 시험 엿보기

— that, those의 비교문장에서의 기능

□ The climate of Korea is milder than **that of Canada**.
날씨는 / 한국의 / 이다 / 더 온화하다 / 보다 / 캐나다의 그것
→ that은 앞에 나온 the climate를 대신하고 있는 대명사입니다.

□ His income is less than **that of hers**.
그의 수입이 / 더 적다 / 보다 / 그녀의 수입
→ that은 앞에 나온 income을 대신하고 있는 대명사입니다.

— 복수인 경우에는 those가 대신합니다

□ The tails of monkeys are longer than **those of pigs**.
원숭이의 꼬리가 / 더 길다 / 돼지의 꼬리보다
→ those는 앞에 나온 tails를 대신하고 있는 대명사입니다.

# 절을 이용한 영작 연습

의문사가 접속사가 되었어요

> You got to put the past behind you before you can move on.
> And I think that's what my running was all about.
> 과거는 옮길 수만 있다면, 뒤에 두라구요. 그리고, 그게 제가 뛰는 것입니다.
>
> 영화 "Forrest Gump"중에서

## 영작문 필수 구조

문장 전체를 명사의 역할(function)로 활용하기 위해서는 문장의 맨 앞에 접속사 (의문사)를 놓아, 문장에서 명사나 형용사의 역할을 하게 합니다.

> 절(clause)의 도식
> [where / how / when / why / how / whether / if / that] + S + V

## 영작문 필수 예문

• smile 미소 짓다

• solve 풀다

• arrive at 도착하다

• submit 정상

□ She smiled to me.

그녀는 / 미소지었다 / 나에게

□ I know **why she smiled to me**.

나는 / 안다 / 왜 / 그 여자가 / 미소를 지었는지 / 나에게

□ He met the lady.

그는 / 만났다 / 그 숙녀를

□ You must know **where he met the lady**.

너는 / 알아야 한다 / 어디에서 / 그가 / 만났는지 / 그 숙녀를

□ He solved the question.

그는 / 풀었다 / 그 문제를

□ The important thing is **how he solved the question**.

중요한 것은 / ~이다 / 어떻게 / 그가 / 풀었는지 / 그 문제를

□ He arrived at the summit of the mountain.

그는 / 도착했다 / 정상에 / 그 산의

□ I know **when he arrived at the summit of the mountain**.

나는 / 안다 / 언제 / 그가 / 도착했는지 / 정상에 / 그 산의

□ She cleaned the window.

그녀는 / 닦았다 / 유리창을

□ The question is **whether she cleaned the window**.

그 문제는 / ~이다 / 그 여자가 / 닦았는지 안 닦았는지 / 그 창문을

다음 스토리를 읽고 영어로 써보세요. Step1을 먼저 해 보신 후, 다음 페이지의 영작 연습과 스토리 쓰기 구조 분석을 해 본 후 Step2를 해보세요. 늘어나는 영작문 실력을 금방 확인할 수 있습니다!

- dandelion 민들레
- leaf 잎
- root 뿌리
- develop 개발하다

▶ 사람들은 민들레를 음식으로 사용해 오고 있다. 어떤 나라에서, 사람들이 음식으로 민들레를 사용해 오고 있는 사실은 맞다. 민들레는 많은 비타민 A와 C를 갖고 있다. 민들레의 가장 유용한 부분들은 잎이다. 잎들이 부드러울 때, 어떤 사람들은 민들레를 요리한다. 심지어 노란색 꽃도 먹을 수 있다. 뿌리들도 역시 요리되고 먹어질 수 있다. 나는 사람들이 그것들을 잘 요리하는 방법을 개발하고 싶다.

### Step 1 혼자서 써보기

---

---

---

---

---

---

→ step 2는 다음 페이지의 '영작연습'과 '스토리 구조 분석'을 해본 후 다시 써보세요. 또는 정답을 옮겨 써 보세요.

### Step 2 다시 한번 써보기

---

---

---

---

---

---

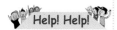

Help! Help!

• wonder 궁금하다
• small 작은
• live 살다

**Step 1** 다음 문장을 영어식 구조를 참고하여 영어로 써보세요.

(1) 나는 왜 그녀가 조그만 도시에서 사는 지 안다.

→ _____

> 영어식
> 구조  나는 / 안다 / 왜 / 그녀가 / 사는지 / 조그만 도시에서

(2) 나는 왜 그녀가 조그만 도시에서 사는 지 궁금하다.

→ _____

> 영어식
> 구조  나는 / 궁금하다 / 왜 / 그녀가 / 사는지 / 조그만 도시에서

(3) 나는 어떻게 그녀가 조그만 도시에서 사는지 알고 싶다.

→ _____

> 영어식
> 구조  나는 / 알고 싶다 / 어떻게 / 그녀가 / 사는지 / 조그만 도시에서

(4) 나는 어디에서 그가 그녀를 만났는지 안다.

→ _____

> 영어식
> 구조  나는 / 안다 / 어디에서 / 그가 / 만났는지 / 그녀를

**Step 2** 다음 문장을 영어식 구조를 생각한 후 영어로 써보세요.

• wash 닦다
• important 중요한
• problem 문제

(1) 그녀가 유리창을 닦았는지 안 닦았는지는 중요하다. (whether 이용)

→ _____

(2) 나는 그 남자에게 왜 그녀가 유리창을 깼는지 물었다. (why 이용)

→ _____

(3) 문제는 그녀가 아침에 유리창을 깬 것이다. (that 이용)

→ _____

(4) 나는 언제 그녀가 유리창을 깼는지 안다. (when 이용)

→ _____

다음 문장은 스토리 쓰기에 나오는 문장들입니다. 영어식 구조를 생각하며 문장을 만들어 본 후,
스토리 쓰기의 Step2를 해 보세요.

▶ 사람들이 음식으로 민들레를 사용해 오고 있는 사실은 맞다.

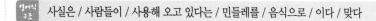
→ _____

> **영어식 구조** 사실은 / 사람들이 / 사용해 오고 있다는 / 민들레를 / 음식으로 / 이다 / 맞다

▶ 나는 사람들이 민들레를 잘 요리하는 방법을 개발하고 싶다.

→ _____

> **영어식 구조** 나는 / 원한다 / 개발하는 것을 / 방법을 / 사람들이 / 요리하는 / 민들레를 / 잘

시험 엿보기

— 아래의 동사들은 움직이는 동사의 기능이 아닌, be 동사처럼 연결의 기능을 하므로 문장에서 항상 형
용사를 보어로 필요로 합니다.

시험에 자주 나오는 문장의 형태입니다. 꼭 알아두세요.

▢ feel, appear, look, taste, smell, sound
▢ It feels good.
▢ It tastes good.

— 간접의문문(indirect question)

▢ I know where he lives.

나는 / 안다 / 어디에서 / 그가 / 사는지

▢ The reason why he lives here is to see natural beauty.

이유는 / 그가 / 여기에 / 사는 / 이다 / 보기위해 / 자연의 아름다움을

▢ Show me how he arrived here.

보여 주세요 / 나에게 / 어떻게 / 그가 / 왔는지 / 여기에

→ 문장 중간에 의문사(where, how, when, why, whether)가 있을 때는 의문사 기능이 아닌, 접속사
역할을 하므로 항상 주어 동사의 어순이 됩니다.

# Unit 14

# 한 개의 문장으로 다양한 문장 만들기

문법을 응용하고 직접 실습해요

To know is nothing at all; to imagine is everything.
안다는 것은 전혀 중요하지 않다; 상상하는 것이 가장 중요하다.
"Anatole France(아나톨 프랑스 – 프랑스 작가)의 연설문" 중에서

## 영작문 필수 구조

### 다양한 문장의 변형

문장에서 동사의 모양을 변형하고 동사 이하 부분은 그대로 이용합니다. 동사의 역할을 명사, 형용사, 부사 역할로 변형합니다. 또는 문장의 맨 앞에 접속사를 놓아, 문장 전체를 명사, 형용사, 부사역할로 변형하는 것입니다. 변형이 되어도 문장의 어순은 변화가 없습니다.

> 구 만드는 방법 : 주어를 빼고 동사 부분부터 이용 할 수 있는 방법을 만듭니다.
> □ (Base form) Lisa learns English every day.
> □ to부정사구(phrase) : to learn English every day 역할 : 명사, 형용사, 부사
> □ 동명사구(phrase) : learning English every day 역할 : 명사
> □ 분사구(phrase) : learning English every day 역할 : 형용사

### ▶ 절(clause) 만들기

방법 : 문장의 맨 앞에 접속사를 첨가하여 여러 가지의 절을 만듭니다.
(that, why, when, where, how, whether, if) + she learns English every day.
역할 : 문장에서 명사, 형용사, 부사의 역할을 합니다.
  □ that she learns English every day  □ why she learns English every day
  □ when she learns English every day  □ where she learns English every day
  □ how she learns English every day  □ whether she learns English every day

## 영작문 필수 예문

• improve 증진하다

• ability 능력

□ **Learning English every day** is the best way to improve English ability.
  배우는 것은 / 영어를 / 매일 / 이다 / 가장 좋은 방법 / 향상시키는 / 영어 능력을

□ I want you **to learn English every day**.
  나는 / 원한다 / 네가 / 배우기를 / 영어를 / 날마다

□ Tell me **how she learns English every day**.
  말하시오 / 나에게 / 어떻게 / 그녀가 / 배우는지 / 영어를 / 날마다

□ I think **that she learns English every day**.
  나는 / 생각 한다 / 그녀는 / 배운다고 / 영어를 / 날마다

다음 스토리를 읽고 영어로 써보세요. Step 1을 먼저 해 보신 후, 다음 페이지의 영작 연습과 스토리 쓰기 구조 분석을 해 본 후 Step 2를 해보세요. 늘어나는 영작문 실력을 금방 확인할 수 있습니다!

- super strong 초강력
- glue 풀
- invent 발명하다
- fail 실패하다
- instead 대신에
- strange 이상한
- sticky 끈적이는
- weak 약한
- be removed 제거되다

▶ 1970년에, 3M을 위한 과학자인 Spencer Silver는 초강력 풀을 만들려고 노력했으나, 그는 그것을 만드는데 실패했다. 대신에 그는 이상한 풀을 만들었다. 그 이상한 풀 역시 끈적했으나 그것은 너무 끈적하지 않았다. 그것은 3M이 이미 만들어 놓은 것보다 훨씬 더 약했다. 그것은 물체에 붙었으나 쉽게 제거되어졌다.

### Step 1 혼자서 써보기

----------------------------------

----------------------------------

----------------------------------

----------------------------------

----------------------------------

----------------------------------

→ step 2는 다음 페이지의 '영작연습'과 '스토리 구조 분석'을 해본 후 다시 써 보세요. 또는 정답을 옮겨 써 보세요.

### Step 2 다시 한번 써보기

----------------------------------

----------------------------------

----------------------------------

----------------------------------

----------------------------------

----------------------------------

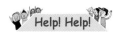

**Help! Help!**

• newspaper 신문

• learn 배우다

• hire 채용하다

**Step 1** 다음 문장을 영어식 구조를 참고하여 영어로 써보세요.

(1) 민수는 영어를 배우기 위해서 영어신문을 읽는다. (to부정사 구 이용)

→ _____

> **영어식 구조** 민수는 / 읽는다 / 영어신문을 / 배우기 위해서 / 영어를

(2) 당신은 왜 민수가 영어를 배우는지 압니까? (why 이용)

→ _____

> **영어식 구조** 당신은 / 압니까 / 왜 / 민수가 / 배우는지 / 영어를

(3) 당신은 민수가 영어를 배우는 그 시간을 압니까? (when 이용)

→ _____

> **영어식 구조** 당신은 압니까 / 그 시간을 / 민수가 / 배우는 / 영어를

(4) 나는 그가 영어를 배우든 안 배우든 민수를 채용할 것이다. (whether 이용)

→ _____

> **영어식 구조** 나는 / 채용할 것이다 / 민수를 / 그가 / 배우든 / 영어를 / 안 배우든

**Step 2** 다음 문장을 영어식 구조를 생각한 후 영어로 써보세요.

• important 중요한

• enjoy 즐기다

• every day 날마다

(1) 민수가 영어를 배우는 지 안 배우는 지는 매우 중요하다. (whether 이용)

→ _____

(2) 민수는 영어를 배우는 것을 즐긴다.

→ _____

(3) 민수는 진영이가 날마다 영어를 배우는 것을 원한다. (to부정사 이용)

→ _____

(4) 너는 민수가 영어를 배우는 방법을 배워야 한다. (how 이용)

→ _____

다음 문장은 스토리 쓰기에 나오는 문장들입니다. 영어식 구조를 생각하며 문장을 만들어 본 후,
스토리 쓰기의 Step2를 해 보세요.

▶ 그는 그것을 만드는데 실패했다.

→ _____

 그는 / 실패했다 / 만드는데 / 그것을

▶ 그것은 3M이 이미 만든 것 보다 훨씬 더 약했다.

→ _____

 그것은 / 훨씬 더 약했다 / 보다 / 것 / 3M이 / 이미 만든

▶ 그것은 물체에 붙었으나 쉽게 제거 되어졌다

→ _____

 그것은 / 붙었다 / 물체에, 그러나 / 제거되어졌다 / 쉽게

시험 엿보기

── 긴 문장을 쓸 때는 가주어 it을 씁니다. 목적어가 길어질 때도 가목적어 it을 씁니다.
  ▫ That she learns English is true.
    = It is true that she learns English.
    사실이다 / 그녀가 / 배우는 것은 / 영어를
  ▫ I think it useful to learn English.
    나는 / 생각 한다 / 유용하다고 / 배우는 것은 / 영어를
  ▫ I make it a rule to learn English.
    나는 / 만들었다 / 규칙으로 / 배우는 것을 / 영어를

주제 : 서양인과 한국인의 다른 풍습

모든 민족들은 그 자신의 다른 전통 풍습을 가지고 있다.

한국 사람들은 음력 새해 축일을 경축한다. 그들은 조상들을 매우 존경한다. 그들은 조상의 묘소를 돌보러 조상의 묘소로 간다. 그러나 서양인들은 양력 새해 축일을 경축한다. 그들은 조상들의 무덤을 보살피러 좀처럼 조상들의 무덤에 가지 않는다.

서양인들은 결혼식 후 신부와 신랑에게 쌀을 던진다. 그들은 쌀은 부, 건강, 행복의 상징이라고 생각한다. 반면에 한국인들은 신랑과 신부에게 쌀을 던지지는 않는다, 이것은 왜냐하면 쌀은 그들의 중요한 곡식이기 때문이다. 서양인들을 더 잘 이해하기 위하여, 우리 한국인들은 그들의 풍습을 잘 이해해야 한다.

| 어휘 | | |
| --- | --- | --- |
| • traditional 전통적인 | • symbol 상징 |
| • custom 풍습 | • bridegroom 신랑 |
| • a Lunar New Year 음력 새해 | • bride 신부 |
| • ancestor 조상 | • throw 던지다 |
| • tomb 무덤 | • crop 농작물 |

## Tips ■ Essay 구성 원칙

Main idea(주제문) → Support(주제문 뒷받침) → Conclusion(결론)

첫 번째, 주제를 뒷받침해주는 main idea를 작성합니다.
두 번째, 이 주제문을 뒷받침하여 주는 문장을 2 ~ 3개 작성합니다.
마지막으로 주제문을 다시 강조해주는 문장을 만들어 주는 것이 essay의 기본 구조입니다.

*

위 essay를 예를 들면, 서양인과 한국인의 다른 문화를 main idea로 정했습니다. 이를 뒷받침하여 주는 문장이 나와야겠지요. 첫 번째, 한국의 설날 명절에 대한 문장이 나와 있습니다. 그리고 서양의 양력 새해에 대한 문장이 나와 있습니다. 또 하나는 쌀에 관한 예문이 나와 있습니다. 그리고 마지막으로 그들을 잘 이해하려면 그들의 문화를 잘 이해해야 한다고 결론을 내렸습니다.

# YOUTH

Samuel Ullman

Youth is not a time of life; it is a state of mind;

it is not a matter of rosy cheeks, red lips and supple knees;

it is a matter of the will, a quality of the imagination,

a vigor of the emotions;

it is the freshness of the deep springs of life.


Youth means a temperamental predominance of courage

over timidity of the appetite, for adventure over the love of ease.

This often exists in a man of sixty more than a body of twenty.

Nobody grows old merely by a number of years.

We grow old by deserting our ideals.


Years may wrinkle the skin,

but to give up enthusiasm wrinkles the soul.

Worry, fear, self-distrust bows the heart

and turns the spirit back to dust.


Whether sixty or sixteen, there is in every human being's heart

the lure of wonder, the unfailing child-like appetite of

what's next,

and the joy of the game of living. ⋯

# Part 4

## 동사류 I

# Unit 15 동사의 역할과 기능의 변화
동사인 나 – 모든 역할 다 소화할 수 있어요

> Love means never having to say you're sorry.
> 사랑이란 결코 미안하다는 말을 해서는 안되는 것이에요.
>
> 영화 "Love Story" 중에서

## 영작문 필수 구조

### 동사의 역할
문장에서 주어의 동작이나 상태를 나타내어 줍니다.

> 역할 : 사람과 사물의 상태, 동작을 나타내는 말입니다.
> 동사를 보면 동사 뒤의 문장 구조가 어떻게 전개되어 갈 것인가를 머릿속에 예측할 수 있는
> 능력을 길러야 합니다.

▶ **동사의 기능 변화**

동사의 기능은 변해도, 동사 원래의 의미는 변하지 않습니다. 기능은 명사, 형용사, 부사의 역할을 합니다.

(Base form) Juliet is good at writing in English.
　　　　　　 Juliet은 / 잘한다 / 쓰기를 / 영어로

▶ **명사화**

to be good at writing in English – to부정사구(phrase)
being good at writing in English – 동명사
that Juliet is good at writing in English – 절(clause)

▶ **형용사화**

to be good at writing in English – to부정사구(phrase)
being good at writing in English – 현재분사
that Juliet is good at writing in English – 절(clause)

▶ **부사화**

to be good at writing in English – to부정사구(phrase)

## 영작문 필수 예문

• be good at ~을 잘하다
• important 중요한

☐ **To be good at writing in English** is important.
　잘 하는 것은 / 글쓰기를 / 영어로 / 하다 / 중요(한)

☐ My plan is **being good at writing in English**.
　나의 계획은 / 이다 / 잘 쓰는 것 / 영어로

☐ **That Juliet is good at writing in English** is true.
　Juliet이 / 잘 쓰는 것은 / 영어로 / 이다 / 사실

다음 스토리를 읽고 영어로 써보세요. Step 1을 먼저 해 보신 후, 다음 페이지의 영작 연습과 스토리 쓰기 구조 분석을 해 본 후 Step 2를 해보세요. 늘어나는 영작문 실력을 금방 확인할 수 있습니다!

• novel 소설

• spend time ~ing ~ 하는데 시간을 보내다

• subject 주제

• relationship 관계

• environment 환경

• importance 중요성

• impress 감동을 주다

▶ 그 소설은 Jenny에 의해서 쓰여졌다. 그녀는 그 소설을 쓰는데 2년의 시간을 보냈다. 그 소설의 주제는 자연과 사람들 사이의 관계였다. 그녀는 환경의 중요성에 대해서도 그 책에 썼다. 그녀는 그 소설이 독자들을 감동시키길 원했다.

### Step 1 혼자서 써보기

---

---

---

---

---

---

---

---

→ step 2는 다음 페이지의 '영작연습'과 '스토리 구조 분석'을 해본 후 다시 써보세요. 또는 정답을 옮겨 써 보세요.

### Step 2 다시 한번 써보기

---

---

---

---

---

---

---

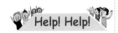

**Help! Help!**

• enjoy 즐기다
• library 도서관
• well 잘

**Step 1** 다음 문장을 영어식 구조를 참고하여 영어로 써보세요.

(1) 영어책을 읽는 것은 영어를 잘 배우는 좋은 방법이다. (동명사구 이용)

→ _____

> **영어식구조** 읽는 것은 / 영어책을 / 이다 / 좋은 방법 / 배우는 / 영어를 / 잘

(2) 나는 영어책 읽는 것을 즐긴다. (동명사구 이용)

→ _____

> **영어식구조** 나는 / 즐긴다 / 읽는 것을 / 영어책을

(3) 나는 영어책을 읽으려고 도서관에 갔다. (to부정사 이용)

→ _____

> **영어식구조** 나는 / 갔다 / 도서관에 / 읽으려고 / 영어책을

(4) 영어책을 읽는 Sujin은 영어로 말을 잘 한다. (현재분사구 이용)

→ _____

> **영어식구조** Sujin은 / 읽는 / 영어책을 / 말을 한다 / 영어를 / 잘

**Step 2** 다음 문장을 영어식 구조를 생각한 후 영어로 써보세요.

• spend time ~ing ~
  하느라 시간을 보내다
• vocabulary 어휘
• improve 증진시키다
• ask 요청하다

(1) 그는 책을 읽는데 많은 시간을 보냈다. (동명사구 이용)

→ _____

(2) 너는 영어책들을 읽는 것에 의해서 어휘를 증진시킬 수 있다. (by reading 이용)

→ _____

(3) 그 선생님은 영어책을 읽으라고 나에게 요청했다. (to부정사구 이용)

→ _____

(4) 나는 왜 그가 영어책을 읽었는지 알았다. (why 이용)

→ _____

다음 문장은 스토리 쓰기에 나오는 문장들입니다. 영어식 구조를 생각하며 문장을 만들어 본 후,
스토리 쓰기의 Step2를 해 보세요.

▶ Jenny는 2년 동안 그 소설을 쓰기 위하여 시간을 보냈다.

→ _____

> **영어식 구조** Jenny는 / 보냈다 / 2년의 시간을 / 쓰는데 / 그 소설을

▶ 그 소설의 주제는 자연과 사람들 사이의 관계였다.

→ _____

> **영어식 구조** 그 소설의 주제는 / 관계였다 / 사이의 / 자연과 사람들

▶ 그녀는 환경의 중요성에 대해서도 썼다.

→ _____

> **영어식 구조** 그녀는 / 썼다 / 대해서 / 환경의 중요성에

## 시험 엿보기

**— 동명사와 현재분사의 구별 방법**

동명사 – 문장에서 명사의 역할을 합니다.

□ Teaching English is her job.
   가르치는 것은 / 영어를 / 이다 / 그녀의 일
□ Her job is teaching English.
   그녀의 일은 / 이다 / 영어를 가르치는 것
□ She is used to teaching English.
   그녀는 / 익숙하다 / 가르치는 것에 / 영어를

**— 현재분사 – 문장에서 형용사의 역할을 합니다.**

□ The lady teaching English in my school is clever.
   그 숙녀는 / 가르치는 / 영어를 / 나의 학교에서 / 영리하다
□ I love the lady teaching English in my school.
   나는 / 사랑 한다 / 그 숙녀를 / 가르치는 / 영어를 / 나의 학교에서

# 동사의 12시제
## 시제를 알면 영어가 보인다

A new civilization is emerging in our lives, and blind men are trying to suppress it.
문명이 우리 생활에 도래하고 있는데, 눈먼 사람들이 이 사실을 숨기려 하고 있습니다.

"The Third Wave" 중에서

## 영작문 필수 구조

### 세밀한 영어의 시제

영어의 시제는 현재, 과거, 미래의 3가지 기본시제가 있습니다. 이를 기본으로 진행형, 완료형, 그리고 완료진행형 등 12가지의 시제가 있습니다.
한국인보다 시간을 세밀하게 묘사하는 서구인들의 의지가 담겨져 있습니다.

> **12 시제를 만들기 위한 동사의 형태**
> 12 가지의 시점의 형태를 만들기 위하여, 아래 문장에서 동사의 변화된 모습을 확인하세요.
> □ write 원형 – 조동사 뒤, to 부정사 뒤에 사용됩니다.
> □ write 현재형 – 주어가 3인칭 단수이면 동사 뒤에 '~s'나 '~es'를 추가합니다.
> □ wrote 과거형 – 과거시점과 사용됩니다.
> □ written 과거 분사 형 – 수동태 (be + PP), 완료시제 (have, has + PP)에 붙입니다.
> □ writing 현재 분사 형 – 진행형 (be - v~ing) 시제에 쓰입니다.

▶ **현재진행형의 특징** : 현재진행형은 말하고 있는 시점에 진행 중인 일 이외에도 최근에 일어나고 있는 일, 가까운 미래에 일어날 일 등을 나타낼 때도 쓰입니다.

## 영작문 필수 예문

### 조동사를 이용하여, 12시제를 나타낸 예문

□ He **writes** a letter to her. (present tense, 단순현재)

□ He **wrote** a letter to her. (past tense, 단순과거)

□ He **will write** a letter to her. (future tense, 단순미래)

□ He **is writing** a letter to her. (present progressive, 현재진행)

□ He **was writing** a letter to her. (past progressive, 과거진행)

□ He **will be writing** a letter to her. (future progressive, 미래진행)

□ He **has written** a letter to her. (present perfect tense, 현재완료)

□ He **had written** a letter to her. (past perfect tense, 과거완료)

□ He **will have written** a letter to her. (future perfect tense, 미래완료)

□ He **has been writing** a letter to her. (present perfect progressive, 현재완료진행)

□ He **had been writing** a letter to her. (past perfect progressive, 과거완료진행)

□ He **will have been writing** a letter to her. (future perfect progressive, 미래완료진행)

다음 스토리를 읽고 영어로 써보세요. Step 1을 먼저 해 보신 후, 다음 페이지의 영작 연습과 스토리 쓰기 구조 분석을 해 본 후 Step 2를 해보세요. 늘어나는 영작문 실력을 금방 확인할 수 있습니다!

* be known to ~에 알려지다
* skill 기술
* architecture 건축
* the skill of architecture 건축기술
* show off 보여주다

▶ 63빌딩은 한국에서 사람들에게 잘 알려져 있다. 그것은 매우 높은 빌딩이다. 그것은 63층 건물이다. 그것은 약 30년 전에 어떤 한국회사에 의해서 디자인되어졌다. 이 빌딩은 한국인의 건축기술을 세계에 보여주었다.

### Step 1 혼자서 써보기

----------

----------

----------

----------

----------

----------

----------

----------

➡ step 2는 다음 페이지의 '영작연습'과 '스토리 구조 분석'을 해본 후 다시 써보세요. 또는 정답을 옮겨 써 보세요.

### Step 2 다시 한번 써보기

----------

----------

----------

----------

----------

----------

----------

----------

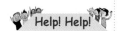 **Help! Help!**

**Step 1** 다음 문장을 Base form을 참고하여 써보세요.

(1) (과거시제) → _____

(2) (미래시제) → _____

(3) (현재진행시제) → _____

(4) (과거진행시제) → _____

**Help!** •(Base form) She makes a doll.

*진행시제 도식 : (am, are, is, was, were + ~ing) – am, are, is, was, were는 조동사이며 시점과 수를 나타냅니다.

**Step 2** 다음 문장을 Base form을 참고하여 써보세요.

(1) (현재완료시제) → _____

(2) (과거완료시제) → _____

(3) (미래완료시제) → _____

(4) (현재완료진행시제) → _____

**Help!** •(Base form) She makes a doll.

*완료시제의 도식 : have/has + PP – have(has)는 조동사이며 시점과 수(단수, 복수)를 나타냅니다.

*완료진행시제 도식 : have/has been ~ing – have(has) been이 조동사이며 시점과 수일치를 나타냅니다.

다음 문장은 스토리 쓰기에 나오는 문장들입니다. 영어식 구조를 생각하며 문장을 만들어 본 후, 스토리 쓰기의 Step2를 해 보세요.

• be interested in 관심을 갖다

▶ 그것은 약 30년 전에 어떤 한국회사에 의해서 디자인 되어졌다.

→ _____

 그것은 / 디자인 되어졌다 / 의해서 / 어떤 한국회사에 / 전에 / 약 30년

▶ 이 빌딩은 한국인의 건축기술을 세계에 보여 주었다.

→ _____

 이 빌딩은 / 보여 주었다 / 기술을 / 한국인의 건축 / 세계에

 시험 엿보기

━━ 시점과 연관되어 있는 부사

과거 시점을 나타내는 다음의 단어들은 항상 과거시점과 쓰입니다.
ago, then, last week, last night, in 2005

☐ He wrote a letter to her last night. (past tense, 단순과거)
그는 / 썼다 / 편지를 / 그녀에게 / 어젯밤에

just, already, for 3 days, since 등은 완료시제와 함께 쓰입니다.

☐ He has written a letter to her for three years. (present perfect tense, 현재완료)
그는 / 써오고 있다 / 편지를 / 그녀에게 / 동안 / 3년

━━ 과거보다 더 먼저 일어난 시점은 과거완료 시점을 씁니다.

☐ He had written a letter to her, when I arrived there. (past perfect tense, 과거완료)
그는 / 써버렸다 / 편지를 / 그녀에게, 때 / 내가 / 도착했을 / 거기에

미래의 시점에 동작이 완료되어지는 시점을 나타낼 때는 미래완료형을 씁니다.

☐ He will have written a letter to her when I arrive there. (future perfect tense, 미래완료)
그는 / 써버렸을 것이다 / 편지를 / 그녀에게, 때 / 내가 / 도착할 / 거기에

# Unit 17

## 각 시제의 역할 – 현재, 과거, 미래

문법을 파괴하자 – 미래 시점

> I'll stay on the bus, forget about us.
> 그냥 버스에서 있을거예요, 그리고 우리사이를 잊어버릴께요.
>
> 팝송 "Tie a Yellow Ribbon Round the Old Oak Tree" 중에서

### 영작문 필수 구조

#### 기본시제

영어의 시제는 보통 3가지로 구분합니다. 현재 시제, 과거시제, 미래시제가 그것입니다.

**현재시제 (present tense)**
현재의 일반적인 사실, 동작, 상태, 사건을 표현 할 때 쓰입니다.
- The earth rounds the sun.  지구는 / 돈다 / 태양을
- He **usually** gets up early.  그는 / 보통 / 일어난다 / 일찍
  → always, usually, everyday등과 같은 종류의 부사와 함께 쓰입니다.

**과거시제 (past tense)**
과거의 동작이나 상태, 특정한 과거시점에 일어난 일을 표현할 때 쓰입니다.  과거를 나타내는 부사어인 다음의 단어들과 함께 쓰입니다: ago, yesterday, last
- I **was** hungry **yesterday**.  나는 / 배가 고팠다 / 어제
- I **met** her **yesterday** to borrow the book.
  나는 / 만났다 / 그녀를 / 어제 / 빌리려고 / 그 책을

**미래시제 (future)**
미래를 나타내는 시점과 쓰입니다.
- He **will finish** the assignment with her.
  그는 / 끝마칠 것이다 / 그 과업을 / 그녀와 함께
- You **will attend** the meeting **tomorrow** to get the information.
  너는 / 참여할 것이다 / 그 미팅에 / 내일 / 얻으려고 / 그 정보를

### 영작문 필수 예문

- attend 참여하다
- conference 회의

- □ She attends the conference.
  그녀는 / 참여한다 / 그 회의에

- □ She **attended** the conference **yesterday**.
  그녀는 / 참여했다 / 그 회의에 / 어제

- □ She **will attend** the conference **tomorrow**.
  그녀는 / 참여할 것이다 / 그 회의에 / 내일

- □ She **is going to attend** the conference **tomorrow**.
  그녀는 / 참여할 것이다 / 그 회의에 / 내일

  (be going to를 사용하면 반드시 참여한다는 의지가 담겨 있습니다)

다음 스토리를 읽고 영어로 써보세요. Step 1을 먼저 해 보신 후, 다음 페이지의 영작 연습과 스토리 쓰기 구조 분석을 해 본 후 Step 2를 해보세요. 늘어나는 영작문 실력을 금방 확인할 수 있습니다!

* school choir 학교 합창단
* join 가입하다
* be known to ~에 알려지다
* be going to ~할 예정이다
* concert 공연

▶ Lisa가 아이였을 때, 그녀의 가정은 매우 가난했다. 그러나 그녀는 음악을 즐겼다. 그녀는 학교의 합창단에 가입했다. 그녀는 선생님들과 학생들을 그녀의 목소리로 놀라게 했다. 그녀는 노래교습을 배울 수 있었다. 지금 그녀는 유명한 가수로 전 세계에 알려져 있다. 내년에 그녀는 서울에서 공연을 가질 예정이다.

Step 1 혼자서 써보기

Step 2 다시 한번 써보기

➡ step 2는 다음 페이지의 '영작연습'과 '스토리 구조 분석'을 해본 후 다시 써 보세요. 또는 정답을 옮겨 써 보세요.

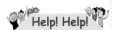
Help! Help!

**Step 1** 다음 문장을 Base form을 참고하여 영어로 써보세요.

(1) (과거시제) → _____

(2) (미래시제) → _____

(3) (현재진행시제) → _____

(4) (과거진행시제) → _____

Help! ・(Base form) Tom finishes the assignment.

**Step 2** 다음 문장을 영어식 구조를 생각한 후 영어로 써보세요.

・assignment 과제
・leave for ~향해 떠나 다

(1) 그는 내일 그 과제를 하고 있을 것이다. (미래진행시제)

→ _____

(2) 그는 내일 서울로 떠날 예정이다. (미래시점을 현재진행시점으로)

→ _____

(3) 그는 내일 New York에서 서울로 올 것이다. (미래시점을 현재로 표현)

→ _____

(4) 만약 그가 내일 나에게 오면, 나는 그에게 이 책을 줄 거야.

→ _____

다음 문장은 스토리 쓰기에 나오는 문장들입니다. 영어식 구조를 생각하며 문장을 만들어 본 후, 스토리 쓰기의 Step2를 해 보세요.

▶ 그녀는 선생님들과 학생들을 그녀의 목소리로 놀라게 했다.

→ _____

 그녀는 / 놀라게 했다 / 선생님들과 학생들을 / 그녀의 목소리로

▶ 지금 그녀는 유명한 가수로 전 세계에 잘 알려져 있다.

→ _____

 지금 / 그녀는 / 잘 알려져 있다 / 전 세계에 / 유명한 가수로

 시험 엿보기

— 다음의 동사들이 미래를 뜻하는 부사어와 함께 쓰일 때는 미래시제를 현재시제나 현재진행 시제로 씁니다. 이는 반드시 행동이 실천 된다는 문화적인 배경이 있습니다. 따라서 현재시제로 씁니다.

□ go, leave, start, come, arrive, reach
□ I will wait here until he comes here. (미래시제를 현재시제로 씀)
 나는 / 기다릴 것이다 / 여기에서 / 그가 / 올 때까지 / 여기에
□ He comes here tomorrow. (미래시제를 현재시제로 씀)
 그는 / 올거야 / 여기에 / 내일
□ He arrives here tomorrow. (미래시제를 현재시제로 씀)
 그는 / 도착할 거야 / 여기에 / 내일
□ I leave for Seoul tomorrow. (미래시제를 현재시제로 씀)
 나는 / 떠날 거야 / 서울로 / 내일

— 시간이나 조건의 부사절에서는 미래시제를 현재시제로 씀
□ If it rains tomorrow, I will not attend the meeting.
 만일 / 비가 온다면 / 내일, 나는 / 참가하지 않을 것이다 / 그 모임에

# Unit 18

## 각 시제의 역할 – 완료시제

완료가 뭐지 – 한국어가 아닌 영단어로 의미를 확인하자

> I've lived a life that's full, I traveled each and every highway.
> 난 나의 인생을 충실하게 살아왔고, 살아오면서 수많은 일을 겪어왔습니다.
>
> 팝송 "My Way" 중에서

### 영작문 필수 구조

**완료시제란**

영어에서는 말하는 시점과 행동을 했던 시점이 다를 수가 있습니다. 과거에 행해졌던 그 행동이 지금까지도 수행이 되거나 혹은 미래에도 그 영향이 미치는 경우에 완료형 시점을 사용합니다.

**도식**
현재완료 : have(has) + PP
과거완료 : had + PP
미래완료 : will have + PP

### 영작문 필수 예문

- twice 두 번
- task 임무
- three times 세 번
- sick 아픈

**→ 현재완료**

☐ I **have just done** my homework.
나는 / 막 끝마쳤다 / 나의 숙제를

☐ Tom **has lived** here **for 20 years**.
Tom은 / 살아오고 있다 / 여기에서 / 동안 / 20년

☐ I **have been to** Hawaii twice.
나는 / 가본 적이 있다 / 하와이에 / 두 번

☐ I **have lost** my bag.
나는 / 잃어버렸다 / 나의 가방을

**→ 과거완료**

☐ I **had finished** my task when he visited me.
나는 / 끝마쳤다 / 나의 임무를 / 때 / 그가 / 방문 했을 / 나를

☐ I **had been sick** for three days when he came to me.
나는 / 아팠었다 / 3일 동안 / 때 / 그가 / 왔었을 / 나에게

**→ 미래완료**

☐ If I read this book one more, I **will have read** it three times.
만약 / 내가 / 읽으면 / 이 책을 / 한 번 더, 나는 / 읽을 것이다 / 그것을 / 3번을

☐ I **will have finished** the work when you come to me.
나는 / 끝마칠 것이다 / 그 일을 / 네가 올 때 / 나에게

다음 스토리를 읽고 영어로 써보세요. Step 1을 먼저 해 보신 후, 다음 페이지의 영작 연습과 스토리 쓰기 구조 분석을 해 본 후 Step 2를 해보세요. 늘어나는 영작문 실력을 금방 확인할 수 있습니다!

• attractive 매력적인
• be located in(at) ~
  에 위치하다
• coast 해안가
• Pacific Ocean 태평
  양
• pleasant 즐거운
• stay 머무르다

▶ Tom은 일년 동안 Los Angeles에서 살고 있다. 그곳은 살기에 매우 매력적인 도시이다. 그것은 태평양의 해안가에 위치하고 있기 때문에, 많은 평화로운 해변을 가지고 있다. 그래서 그는 Los Angeles에서 사는 것을 좋아한다. 그는 그의 부인과 함께 해변에서 즐거운 시간을 가질 때, 그는 행복을 느낀다. 그의 취미는 여행이다. 또한 그는 하와이에도 두 번 가본 적이 있다.

### Step 1 혼자서 써보기

---

---

---

---

---

➔ step 2는 다음 페이지의 '영작연습'과 '스토리 구조 분석'을 해본 후 다시 써 보세요. 또는 정답을 옮겨 써 보세요.

### Step 2 다시 한번 써보기

---

---

---

---

---

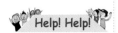

## Help! Help!

- arrive at 도착하다
- end 끝나다
- theater 극장
- already 이미

**Step 1** 다음 문장을 영어식 구조를 참고하여 영어로 써보세요.

(1) 내가 극장에 도착했을 때, 그 영화는 이미 끝났었다.

→ _____

> 영어식 구조  ~ 때 / 내가 / 도착했을 / 극장에, 그 영화는 / 끝났었다 / 이미

(2) 나는 그녀가 만들었던 케이크를 어머니에게 드렸다.

→ _____

> 영어식 구조  나는 / 드렸다 / 어머니에게 / 그 케이크를 / 그녀가 만들었던

(3) 내가 이 책을 한 번 더 읽으면, 나는 그것을 세 번 읽게 될 것이다. (미래완료시점)

→ _____

> 영어식 구조  ~면 / 내가 / 읽다 / 이 책을 / 한번 더, 나는 / 읽게 될 것이다 / 그것을 / 세 번

(4) 내가 그를 만났을 때, 그는 이 도시에서 5년 동안 살고 있었다. (과거완료시점)

→ _____

> 영어식 구조  ~때 / 내가 / 만났을 / 그를, 그는 / 살고 있었다 / 이 도시에서 / 5년 동안

**Step 2** 다음 문장을 영어식 구조를 생각한 후 영어로 써보세요.

- last year 작년에
- already 이미
- actor 배우
- tomorrow 내일

(1) 나는 내가 작년에 샀던 그 라디오를 그에게 주었다.

→ _____

(2) 그는 그 배우가 살았었던 그 집을 샀다.

→ _____

(3) 내가 내일 그를 방문하면, 그는 그의 숙제를 끝마칠 것이다. (미래완료시점)

→ _____

(4) 그녀는 이미 그 일을 끝마쳤다. (현재완료시점)

→ _____

다음 문장은 스토리 쓰기에 나오는 문장들입니다. 영어식 구조를 생각하며 문장을 만들어 본 후,
스토리 쓰기의 Step2를 해 보세요.

▶ Tom은 일 년 동안 Los Angeles에서 살고 있다.

→ _____

> 영어식 구조  Tom은 / 살고 있다 / Los Angeles에서 / ~동안 / 일 년

▶ Los Angeles는 살기에 매우 매력적인 도시이다.

→ _____

> 영어식 구조  Los Angeles는 / 이다 / 매우 매력적인 도시 / 살기에

▶ 그는 Hawaii에 두 번 가 본적 있다.

→ _____

> 영어식 구조  그는 / 가 본적 있다 / Hawaii에 / 두 번

 시험 엿보기

─ 완료시제를 쓰면 두 문장을 한 문장으로 쓸 수가 있습니다.

   □ He arrived at home. + He is now at home.
      = He has arrived at home.
      그는 / 도착했다 / 집에

   □ He lost the book. + He doesn't have the book.
      = He has lost the book.
      그는 / 잃어 버렸다 / 그 책을

   □ He went to America. + He still stays in America.
      = He has gone to America.
      그는 / 가버렸다 / 미국에

주제 : 세계의 다양한 종류의 인사

인사를 잘 하는 것은 모든 국가나 인종에서 매우 중요하다. 모든 국가들은 다른 사람들에게 인사하는 자신의 풍습을 가지고 있다. 유럽의 남자와 여자는 그들이 처음으로 만날 때 흔하게 서로 악수를 한다. 반면에 아랍국가의 남자들은 그들과 관련이 없는 여자와 악수를 하지는 않는다. 한국에서는 사람들은 고개 숙여 인사를 한다. 그래서 한국인들은 외국을 방문할 때, 외국인들과 잘 지내기 위하여 다른 국가의 풍습을 잘 고려하여야 한다.

---

**어휘**
- **various** 다양한
- **kind** 종류
- **greeting** 인사
- **shake hands with** 악수하다

- **be related to** ~와 연관있다
- **bow** 인사하다

---

**Tips** ■ Essay 구성 원칙

Main idea(주제문) → Support(주제문 뒷받침) → Conclusion(결론)

첫 번째, 주제를 뒷받침해주는 main idea를 작성 합니다.
두 번째, 이 주제문을 뒷받침하여 주는 문장을 2 ~ 3개 작성 합니다.
마지막으로 주제문을 다시 강조해주는 문장을 만들어 주는 것이 essay의 기본 구조입니다.

＊

위 essay를 예를 들면, 다양한 종류의 인사를 main idea로 정했습니다. 이를 뒷받침하여 주는 문장이 나와야겠지요. 그래서 유럽 사람들, 아랍사람들, 그리고 한국의 인사법에 대한 문장이 나와 있습니다. 따라서 한국인은 외국인과 더 잘 지내기 위해서는 그들의 인사하는 방법을 고려하여야 한다고 다시 강조를 하고 있습니다.

# To March

Emily Dickinson

Dear March, come in!

How glad I am!

I looked for you before.

Put down your hat--

You must have walked--

How out of breath you are!

Dear March, how are you?

And the rest?

Did you leave Nature well?

Oh, March, come right upstairs with me,

I have so much to tell!


Who knocks? That April!

Lock the door!

I will not be pursued!

He stayed away a year, to call

When I am occupied.

But trifles look so trivial

As soon as you have come,

That blame is just as dear as praise

And praise as mere as blame.

# Part 5

## 동사류 II

# 동사의 변형

너도 명사, 형용사, 부사처럼 행동할 수 있어

> Love is wanting to be loved.
> 사랑이란 사랑 받도록 원하는 것입니다.
>
> 팝송 "Love" 중에서

## ▦ 영작문 필수 구조

**동사의 변형이란?**

문장에서 동사의 모양을 변형하여 명사, 형용사, 부사 역할로 기능을 변형하는 것을 말합니다.

> **동사에서 구와 절로 변형**
> 동사의 꼴을 변형하면 구(phrase)가 생성이 되고, 문장의 맨 앞에 접속사를 추가하면 절(clause)이 형성이 됩니다. 이 절도 명사, 형용사, 부사 역할을 합니다.

### ▶ to부정사구(phrase)와 동명사구(phrase)를 이용한 변형

(Base form) I don't drive a car on Sunday.
　　　　　　　　　나는 / 운전하지 않는다 / 차를 / 일요일에는

□ not to drive a car on Sunday. – to부정사구(phrase)
　운전하지 않는 것 / 차를 / 일요일에는

□ not driving a car on Sunday. – 동명사구(phrase)
　운전하지 않는 것 / 차를 / 일요일에는

□ that I don't drive a car on Sunday. – 종속절
　내가 운전하지 않는 것 / 차를 / 일요일에는

## ▦ 영작문 필수 예문

• drive 운전하다
• duty 의무

□ **Not to drive a car on Sunday** is my duty.
　운전하지 않는 것은 / 차를 / 일요일에 / 이다 / 나의 의무

□ I don't like **to drive a car on Sunday**.
　나는 / 좋아하지 않는다 / 운전하는 것을 / 차를 / 일요일에

□ My idea is **not to drive a car on Sunday**.
　나의 생각은 / 이다 / 운전하지 않는 것 / 차를 / 일요일에

□ I wanted him **not to drive a car on Sunday**.
　나는 / 원했다 / 그가 / 운전하지 않는 것을 / 차를 / 일요일에

□ I am happy **not to drive a car on Sunday**.
　나는 / 행복하다 / 운전하지 않으니까 / 차를 / 일요일에

다음 스토리를 읽고 영어로 써보세요. Step 1을 먼저 해 보신 후, 다음 페이지의 영작 연습과 스토리 쓰기 구조 분석을 해 본 후 Step 2를 해보세요. 늘어나는 영작문 실력을 금방 확인할 수 있습니다!

• take a break 휴식을 갖다

• be hired 고용이 되다

▶ Juliet은 항상 오후 1시에 점심을 한다. 그녀는 오후 12시 50분에 그녀의 일하기를 마친다. 그리고 그녀는 1시부터 2시까지 휴식을 갖는다. 그녀는 이 회사를 위해 3년 동안 일하고 있다. 그녀는 3년 전에 고용되어졌다. 그녀는 이 회사를 위해 일하는 것을 좋아한다. 그녀는 내년 5월에는 이 회사에서 4년 동안 일을 하고 있을 것이다.

### Step 1 혼자서 써보기

-------------------------------------------------
-------------------------------------------------
-------------------------------------------------
-------------------------------------------------
-------------------------------------------------
-------------------------------------------------
-------------------------------------------------

➡ step 2는 다음 페이지의 '영작연습'과 '스토리 구조 분석'을 해본 후 다시 써 보세요. 또는 정답을 옮겨 써 보세요.

### Step 2 다시 한번 써보기

-------------------------------------------------
-------------------------------------------------
-------------------------------------------------
-------------------------------------------------
-------------------------------------------------
-------------------------------------------------
-------------------------------------------------

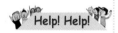

• put off 연기하다

**Step 1** 다음 문장을 영어식 구조를 참고하여 영어로 써보세요.

(1) Jane은 바이올린을 연주하는 것을 연기했다.

→ _____

> 영어식구조  Jane은 / 연기했다 / 연주하는 것을 / violin을

(2) 아침마다 바이올린 연주를 하는 것은 나에게는 즐거움이다.

→ _____

> 영어식구조  연주를 하는 것은 / 바이올린 / 아침마다 / 이다 / 즐거움 / 나에게는

(3) 나는 Jane이 매일 아침 바이올린을 연주하기를 원한다. (to부정사 이용)

→ _____

> 영어식구조  나는 / 원한다 / Jane이 / 연주하기를 / 바이올린을 / 매일 아침

(4) 나는 아침마다 연주하려고 바이올린을 샀다. (to부정사 이용)

→ _____

> 영어식구조  나는 / 샀다 / 바이올린을 / 연주하려고 / 아침마다

**Step 2** 다음 문장을 영어식 구조를 생각한 후 영어로 써보세요.

• be used to ~ing ~
에 익숙하다

(1) Jane은 10년 동안 violin 연주를 하고 있다. (현재완료 시점 이용)

→ _____

(2) violin 연주를 하고 있는 Jane은 나의 여자 친구이다.

→ _____

(3) 나는 Jane에게 violin 연주를 요청했다.

→ _____

(4) Jane은 violin 연주를 하는데 익숙하다.

→ _____

다음 문장은 스토리 쓰기에 나오는 문장들입니다. 영어식 구조를 생각하며 문장을 만들어 본 후,
스토리 쓰기의 Step2를 해 보세요.

• be hired  고용이 되다

• company  회사

• three times  3번

• work  일하다

• for four years  4년
동안

▶ 그녀는 이 회사를 위해 3년 동안 일하고 있다.

→ _____

**영어식구조** 그녀는 / 일하고 있다 / 위해 / 이 회사를 / 3년 동안

▶ 내년 5월에는 그녀는 이 회사에서 4년 동안 일을 하고 있을 것이다.

→ _____

**영어식구조** 그녀는 / 일을 하고 있을 것이다 / 이 회사에서 / 4년 동안 / 내년 5월에는

 **시험 엿보기**

— to부정사구나 동명사구를 부정할 때는 to부정사구나 동명사구 앞에 not을 위치시킵니다.

☐ People have to remember **not** to make a noise in the library.
　　사람들은 / 기억해야한다 / 떠들지 않아야 한다는 것을 / 도서관에서

☐ I want her **not** to make a noise in the library.
　　나는 / 원한다 / 그녀가 / 떠들지 않기를 / 도서관에서

☐ **Not** making a noise in a public place is good manners.
　　떠들지 않는 것은 / 공공장소에서 / 이다 / 좋은 예절

☐ I tried **not** making a noise in the library.
　　나는 / 노력했다 / 떠들지 않으려고 / 도서관에서

# Unit 20

# 조동사의 역할과 현재, 과거의 추측

동사의 뉘앙스가 살아나네

> Success must be won along one line.
> 성공은 한 분야에서 얻어져야 한다.
>
> Ernest Hemingway의 "Advice to a Young Man"중에서

## 영작문 필수 구조

### 조동사의 역할

본동사만으로 나타내기 어려운 가능, 추측, 허가, 의무 등 말하는 사람의 심적 태도 (speaker's attitude of mind)를 나타낼 때 본동사를 보충해 주는 역할을 합니다.

---

**조동사의 쓰임**

시점을 나타 낼 때 동사와 함께 쓰입니다. 현재와 과거의 추측에도 쓰입니다.
완료형, 진행형, 수동태, 의문문, 부정문 등을 표현 할 때 조동사의 도움을 받습니다.

- He sends me a letter.
- He **will send** me a letter.　　조동사 – will　　본동사 – send
- He **is sending** me a letter.　　조동사 – is　　본동사 – sending
- He **was sending** me a letter.　　조동사 – was　　본동사 – sending
- He **will be sending** me a letter.　　조동사 – will be　　본동사 – sending
- He **has sent** me a letter.　　조동사 – has　　본동사 – sent
- He **had sent** me a letter.　　조동사 – had　　본동사 – sent
- He **will have sent** me a letter.　　조동사 – will have　　본동사 – sent

---

▶ **현재의 추측:** 역할 및 구조 : may (can, must, can't) + 동사원형

- He **may stay** at home now　　그는 / 있을지 몰라 / 집에 / 지금
- He **can stay** at home now.　　그는 / 있는 것 같다 / 집에 / 지금
- He **must stay** at home now.　　그는 / 있음에 틀림없다 / 집에 / 지금
- He **can't stay** at home now.　　그는 / 없음에 틀림없다 / 집에 / 지금

▶ **과거의 추측:** 역할 및 구조 : may (can, must) + have pp

- He **may have stayed** at home yesterday. 그는 / 있었을지 몰라 / 집에 / 어제
- He **can have stayed** at home yesterday.　그는 / 있었을 거야 / 집에 / 어제
- He **must have stayed** at home yesterday. 그는 / 있었음에 틀림없다 / 집에 / 어제
- He **can't have stayed** at home yesterday. 그는 / 없었음에 틀림없다 / 집에 / 어제

## 영작문 필수 예문

• sick 아픈

- He **may be** sick.　그는 아플지도 몰라.　□ He **can be** sick.　그는 아픈 것 같아.
- He **must be** sick.　그는 아픔에 틀림없다.
- He **can't be** sick.　그는 아프지 않음에 틀림없다.

다음 스토리를 읽고 영어로 써보세요. Step 1을 먼저 해 보신 후, 다음 페이지의 영작 연습과 스토리 쓰기 구조 분석을 해 본 후 Step 2를 해보세요. 늘어나는 영작문 실력을 금방 확인할 수 있습니다!

- run 운영하다
- communication 의사 소통
- tool 도구
- exchange 교환하다
- necessary 필요한

▶ 컴퓨터는 기계나 공장을 운영하는데 사용되어진다. 그것들은 또한 글을 쓰거나 가르치는데도 사용되어진다. 컴퓨터는 의사 소통의 도구로 널리 사용되어진다. 컴퓨터 사용에 의해서, 우리는 e-mail 메시지를 교환한다. 컴퓨터는 모든 사람들에게 필요한 물건임에 틀림없다.

### Step 1 혼자서 써보기

---

---

---

---

---

---

➜ step 2는 다음 페이지의 '영작연습'과 '스토리 구조 분석'을 해본 후 다시 써 보세요. 또는 정답을 옮겨 써 보세요.

### Step 2 다시 한번 써보기

---

---

---

---

---

---

 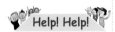
### Help! Help!

• home 집

**Step 1** 다음 문장을 영어식 구조를 참고하여 영어로 써보세요.

(1) 그녀는 집에 있을지도 몰라. (may 이용)

→ _____

> 영어식 구조  그녀는 / 몰라 / 있을지도 / 집에

(2) 그녀는 집에 있을거야. (can 이용)

→ _____

> 영어식 구조  그녀는 / 있을거야 / 집에

(3) 그녀는 집에 있음에 틀림없다. (must 이용)

→ _____

> 영어식 구조  그녀는 / 틀림없다 / 집에 있음에

(4) 그녀는 집에 있을 리가 없다. (can't 이용)

→ _____

> 영어식 구조  그녀는 / 있을 리가 없다 / 집에


**Step 2** 다음 문장을 영어식 구조를 생각한 후 영어로 써보세요.

• be late for  늦다

(1) 그녀는 어제 학교에 늦었을지 몰라. (may 이용)

→ _____

(2) 그녀는 어제 학교에 늦었을거야. (can 이용)

→ _____

(3) 그녀는 어제 학교에 늦었음에 틀림없다. (must 이용)

→ _____

(4) 그녀는 어제 학교에 늦지 않았음에 틀림없다. (can't 이용)

→ _____

다음 문장은 스토리 쓰기에 나오는 문장들입니다. 영어식 구조를 생각하며 문장을 만들어 본 후, 스토리 쓰기의 Step2를 해 보세요.

▶ 컴퓨터는 기계나 공장을 운영하는데 사용되어 진다.

→ _____

> **영어식 구조** 컴퓨터는 / 사용되어 진다 / 운영하는데 / 기계나 공장을

▶ 컴퓨터는 모든 사람들에게 필요한 물건임에 틀림없다.

→ _____

> **영어식 구조** 컴퓨터는 / 틀림없다 / 필요한 물건임에 / 모든 사람들에게

시험 엿보기

— used to와 관련된 내용들

☐ be used to ~ing   ~에 익숙하다
☐ be used to + 동사원형   ~에 사용되다.
☐ used to + 동사원형   ~하곤했다

— used to 뒤에 동명사가 오거나 to부정사가 오는데 어떻게 구별하나요?

문장에서 사람이 주어로 쓰일 경우는 대부분 be used to ~ing 형태입니다.

☐ She is used to cooking food.
그녀는 / 익숙하다 / 요리하는 것을 / 음식을

문장에서 사물이 주어로 쓰일 경우는 대부분 be used to 동사원형 형태입니다.

☐ This tool is used to cook.
이 도구는 / 사용되어 진다 / 요리를 하는데

# 수동태

목적어, 주인공이 되다

Rome was not built in a day.
큰일은 단시일 내에 이루어지지 않는다.

"영어 속담" 중에서

## 영작문 필수 구조

### 수동 구문

한국어와 다르게 영어는 수동(passive)의 문장이 더 많이 쓰입니다. 문장에서 주어가 사물일 경우는 대부분 수동의 문장이 쓰입니다.

> **수동태**
> 주어가 동작을 하는 것이 아닌, 동작을 당하는 상태를 나타낼 때 쓰입니다.
> 기본 시점은 be+ PP 로 나타냅니다.
> ☐ **The boy wrote the letter.** (능동적 역할)
>   그 소년은 / 썼다 / 편지를
> ☐ The letter **was written by the boy**.
>   편지가 / 쓰여 졌다 / 소년에 의해서

## 영작문 필수 예문

• write 쓰다
• letter 편지

(Base form)  He writes a letter.

| Active voice (능동태) | Passive voice (수동태) |
|---|---|
| ☐ He writes a letter. | ☐ A letter **is written** by him. |
| ☐ He wrote a letter. | ☐ A letter **was written** by him. |
| ☐ He will write a letter. | ☐ A letter **will be written** by him. |
| ☐ He is writing a letter. | ☐ A letter **is being written** by him. |
| ☐ He was writing a letter. | ☐ A letter **was being written** by him. |
| ☐ He will be writing a letter. | ☐ A letter **will be being written** by him. |
| ☐ He has written a letter. | ☐ A letter **has been written** by him. |
| ☐ He had written a letter. | ☐ A letter **had been written** by him. |
| ☐ He will have written a letter. | ☐ A letter **will have been written** by him. |

다음 스토리를 읽고 영어로 써보세요. Step 1을 먼저 해 보신 후, 다음 페이지의 영작 연습과 스토리 쓰기 구조 분석을 해 본 후 Step 2를 해보세요. 늘어나는 영작문 실력을 금방 확인할 수 있습니다!

• design  설계되다

• peaceful  평화로운

• pine tree  소나무

• plant  심다

• look  ~ 처럼 보이다

• wall  벽

• gather  모이다

• be chosen  선정되다

▶ 그 집은 David에 의해서 작년에 호숫가 근처에 지어졌다. 그 집은 Kimberly에 의해서 디자인이 되어졌다. 그것은 매우 평화롭게 보인다. 아름다운 소나무들이 정원에 심어졌다. 그 집의 벽은 흰색으로 칠해졌기 때문에 그것은 아름답게 보인다. 많은 사람들이 그 집을 보기 위해서 모인다. 그 집은 그 도시에서 가장 아름다운 집으로 선정이 되어졌다.

### Step 1 혼자서 써보기

### Step 2 다시 한번 써보기

➡ step 2는 다음 페이지의 '영작연습'과 '스토리 구조 분석'을 해본 후 다시 써 보세요. 또는 정답을 옮겨 써 보세요.

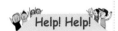
Help! Help!

• doll 인형

• yesterday 어제

**Step 1** 다음 문장을 영어식 구조를 참고하여 영어로 써보세요.

(1) 그 인형은 어제 만들어졌다. (과거시점 수동태)

→ _____

> **영어식구조** 그 인형은 / 만들어졌다 / 어제

(2) 그 인형은 지금 만들어지고 있는 중이다. (현재진행 수동태)

→ _____

> **영어식구조** 그 인형은 / 만들어지고 있는 중이다 / 지금

(3) 그 인형은 그 소녀에 의해서 만들어 질 것이다. (미래시점 수동태)

→ _____

> **영어식구조** 그 인형은 / 만들어 질 것이다 / 그 소녀에 의해서

(4) 그 인형은 그 소녀에 의해서 이미 막 만들어졌다. (현재완료 수동태)

→ _____

> **영어식구조** 그 인형은 / 이미 막 / 만들어졌다 / ~의해서 / 그 소녀에

**Step 2** 다음 문장을 영어식 구조를 생각한 후 영어로 써보세요.

• look down on 멸시
하다

• be run over 치여지다

• be taken care of 돌
보아지다

• light 불

• guard 경비원

• turn off 끄다

(1) 그는 친구들에 의해서 멸시 받아졌다.

→ _____

(2) 어떤 사람이 차에 의해서 치어졌다.

→ _____

(3) 그 어린이는 그 숙녀에 의해서 돌보아지고 있다.

→ _____

(4) 불이 그 경비원에 의해서 꺼졌다.

→ _____

다음 문장은 스토리 쓰기에 나오는 문장들입니다. 영어식 구조를 생각하며 문장을 만들어 본 후,
스토리 쓰기의 Step2를 해 보세요.

• choose 선정하다

• beautiful 아름다운

▶ 그 집은 이 도시에서 가장 아름다운 집으로 선정이 되었다.

→ _____

> **영어식**
> **구조** 그 집은 / 선정되었다 / 가장 아름다운 집으로 / ~에서 / 이 도시

━━ 주어가 사람인데 왜 수동형 문장이 될까요?

사람의 성질과 감정을 표현할 때 주로 쓰입니다. 즉 기쁘고, 즐거워지고, 지루해지고, 놀라지고, 실
망해지는 것은 외부의 무엇에 의해서 사람이 감정적으로 즐거워지거나 놀라지겠죠. 그래서 사람이
주어이지만 수동의 형태가 됩니다. 도리어 사람에게 감정을 미치는 사물이 능동의 상태가 됩니다.

☐ She was pleased with the news.

그녀는 / 즐거워졌다 / 그 소식에

☐ She was satisfied with the gift.

그녀는 / 만족해졌다 / 그 선물에

☐ She is interested in the interesting game.

그녀는 / 관심 있다 / 그 재미있는 게임에

☐ She was surprised at the surprising news.

그녀는 / 놀라졌다 / 그 놀라운 소식에 의해

주제 : 신선한 물의 중요성

신선한 물은 사람들이 살기 위하여 매우 중요하다. 사람들은 신선한 물을 마시고 씻고 농사를 짓고 많은 다른 것을 위해서 사용한다. 사람들은 그들의 몸을 건강하게 유지하기 위하여 하루에 2 ~ 3 리터의 물을 마신다. 그래서 신선한 물은 사람들이 살기에 필요하다. 그러나 약 20%의 세계 인구는 충분한 마실 물을 갖고 있지 않다. 그들은 그들의 몸을 건강하게 유지시키는데 많은 어려움을 가지고 있다. 충분한 물이 없으면, 사람들은 살아가는데 많은 어려움을 가질 것이다. 그래서 사람들은 신선한 물을 오염시키지 않아야 한다.

---

| 어휘 | |
|---|---|
| • fresh water  신선한 물 | • sufficient  충분한 |
| • farm  농사짓다 | • pollute  오염시키다 |
| • keep  유지하다 | • protect  보호하다 |
| • population  인구 | |

---

**Tips** ■ Essay 구성 원칙

> Main idea(주제문) → Support(주제문 뒷받침) → Conclusion(결론)

첫 번째, 주제를 뒷받침해주는 main idea를 작성 합니다.
두 번째, 이 주제문을 뒷받침하여 주는 문장을 2 ~ 3개 작성 합니다.
마지막으로 주제문을 다시 강조해주는 문장을 만들어 주는 것이 essay의 기본 구조입니다.

＊

위 문장을 예를 들면, 신선한 물의 중요성을 main idea로 정했습니다. 이를 뒷받침하여 주는 문장이 나와야겠지요. 따라서 물이 쓰이는 용도에 대해서 설명을 하였습니다. 그리고 물이 중요하니 오염을 시키지 말아야 한다고 강조를 했습니다.

# Loveliest of Trees, the Cherry Now

A. E. Housman

Loveliest of trees, the cherry now
Is hung with bloom along the bough,
And stands about the woodland ride
Wearing white for Eastertide.

Now, of my threescore years and ten,
Twenty will not come again,
And take from seventy springs a score,
It only leaves me fifty more.

And since to look at things in bloom
Fifty springs are little room,
About the woodlands I will go
To see the cherry hung with snow.

# Part 6

## 형용사류 I

# 형용사와 종류

난, 명사와 친해요

> There is no rule without exceptions.
> 예외 없는 규칙은 없다.
>
> 영어속담 중에서

## 영작문 필수 구조

### 형용사의 역할

형용사는 명사의 상태나 성질을 설명하고 수식하는 말입니다.

> **형용사의 역할**
> 문장에서 주격보어나 목적격 보어 역할을 합니다.
> 명사의 앞에서 명사를 수식합니다.

▶ **형용사의 위치**

사전에 있는 형용사는 명사 앞에서 명사를 수식합니다. 동사를 응용한 형용사(현재분사, 과거분사), 관계사절(clause), 그리고 전치사 구(phrase)는 주로 명사 뒤에서 수식합니다.

☐ The **beautiful** ladies are my cousins.
아름다운 숙녀들은 / ~이다 / 나의 사촌들

명사가 -thing, -body, -one과 같은 단어로 끝나면, 형용사는 명사 뒤에 옵니다.

☐ Nothing **strange** happened.
아무것도 않았다 / 이상한 / 발생하지

☐ He is old **enough** to go to school.
그는 / 이다 / 나이먹은 / 충분히 / 가기에 / 학교에

## 영작문 필수 예문

- daughter 딸
- cousin 사촌
- husband 남편

☐ **The lady builds a house. A house is built by the lady.**

☐ The lady **building a house** is my daughter.
그 숙녀는 / 집을 짓고 있는 / 이다 / 나의 딸

☐ The house **built by the lady** is beautiful.
그 집은 / 지어진 / 의해서 / 그 숙녀에 / 아름답다

☐ The lady **who builds a house** is my cousin.
그 숙녀 / 짓고 있는 / 그 집을 / ~이다 / 나의 사촌

☐ The lady **whose husband built the bridge** comes here tomorrow.
그 숙녀는 / 그녀의 남편이 / 지었던 / 그 다리를 / 올거야 / 여기에 / 내일

# 스토리 쓰기

다음 스토리를 읽고 영어로 써보세요. Step 1을 먼저 해 보신 후, 다음 페이지의 영작 연습과 스토리 쓰기 구조 분석을 해 본 후 Step 2를 해보세요. 늘어나는 영작문 실력을 금방 확인할 수 있습니다!

• arrive at 도착하다
• client 고객
• satisfied 만족된

▶ 나의 매니저는 항상 정시에 회사에 도착한다. 그는 일하기 전에 항상 사무실을 청소한다. 그는 항상 고객을 만족시키고 고객들과 좋은 관계를 갖는다. 그의 근면함이 그를 유용한 사람으로 만든다.

### Step 1 혼자서 써보기

### Step 2 다시 한번 써보기

➜ step 2는 다음 페이지의 '영작연습'과 '스토리 구조 분석'을 해본 후 다시 써 보세요. 또는 정답을 옮겨 써 보세요.

## 영작연습

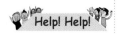
Help! Help!

• bring 가지고 오다
• something 어떤 것
• clever 영리한

**Step 1** 다음 문장을 영어식 구조를 참고하여 영어로 써보세요.

(1) 나에게 재미있는 어떤 것을 가지고 오시오.

→ _____

> 영어식 구조  가지고 오시오 / 나에게 / 어떤 것을 / 재미있는

(2) 그 숙녀에 의해서 지어진 그 집은 매우 아름답다.

→ _____

> 영어식 구조  그 집 / 지어진 / ~의해서 / 그 숙녀에 / ~이다 / 매우 아름다운

(3) 네가 사랑한 그 소년은 나의 동생보다 영리하다.

→ _____

> 영어식 구조  그 소년 / 네가 / 사랑한 / 더 영리하다 / ~보다 / 나의 동생

(4) 나는 그녀가 영리하다고 믿는다.

→ _____

> 영어식 구조  나는 / 믿는다 / 그녀가 / 영리하다고

**Step 2** 다음 문장을 영어식 구조를 생각한 후 영어로 써보세요.

• interesting 재미있는
• neighbor 이웃
• sad 슬픈

(1) Jenny는 재미있는 무언가를 가지고 있다.

→ _____

(2) 나는 그것이 재미있다고 생각한다.

→ _____

(3) 집을 짓고 있는 그 숙녀는 나의 이웃이다.

→ _____

(4) 그 소식은 그녀를 슬프게 만들었다.

→ _____

다음 문장은 스토리 쓰기에 나오는 문장들입니다. 영어식 구조를 생각하며 문장을 만들어 본 후,
스토리 쓰기의 Step2를 해 보세요.

▶ 그는 항상 고객을 만족시키고 고객과 좋은 관계를 갖는다.

→ _____

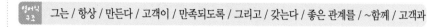
**영어식 구조** 그는 / 항상 / 만든다 / 고객이 / 만족되도록 / 그리고 / 갖는다 / 좋은 관계를 / ~함께 / 고객과

▶ 그의 근면한 정신이 그를 유능한 사람으로 만들고 있다.

→ _____

**영어식 구조** 그의 근면한 정신이 / 만들고 있다 / 그를 / 유능한 사람으로

시험 엿보기

— 아래의 단어들은 항상 보어로만 형용사 역할을 수행합니다.

명사 앞에서 명사를 수식하지는 못합니다.

asleep 잠에 취한    alive 살아있는    be afraid of 두려워하는    be aware of 인식하는

□ She is asleep.(○)

　그녀는 / 있다 / 잠들어

□ His story made her asleep. (○)

　그의 / 이야기는 / 잠들게 했다 / 그녀를

□ The asleep man is my brother. (×)

　잠에 취한 사람은 / 이다 / 나의 형

　('asleep'이 아닌 'sleeping'이 맞음)

□ This fish is alive.(○)

　이 / 고기는 / 살아있다

□ This alive fish is big. (×)

　이 / 살아있는 / 고기는 / 크다 ('alive'가 아닌 'living'이 맞음)

# 동사를 형용사로 역할 변경하기 1

## 동사야, 너도 형용사 역할 해보렴 – to부정사구

> If you find that you're not, I hope you have the strength to start all over.
> 이게 아니다 싶으면, 다시 처음부터 시작할 수 있는 강인함을 갖기를 바란단다.
>
> 팝송 "My Way" 중에서

### 영작문 필수 구조

**동사의 모양 변형**

동사의 의미는 가지면서, 문법상 다른 품사의 역할(function)을 수행을 할 때는 동사의 모양을 변형 시킵니다.

> **to부정사구(phrase) – to부정사의 형용사적 용법 개념**
> to부정사가 형용사처럼 명사 뒤에서 명사를 수식하거나 주어나 목적어를 서술해 주는 역할을 합니다.
> - The work will **be finished**.
>   그 일은 / 끝마쳐질 것이다
> - The work **to be finished**
>   그 일 / 끝마쳐질
> - The man will meet you tomorrow.
>   그 사람은 / 만날 거야 / 너를 / 내일
> - The man **to meet you** tomorrow
>   그 사람 / 만날 / 너를 / 내일
> - The lady **comes here** tomorrow.
>   그 숙녀는 / 올 것이다 / 여기에 / 내일
> - The lady **to come here** tomorrow
>   그 숙녀 / 올 / 여기에 / 내일

### 영작문 필수 예문

- ball-point pen 볼펜
- armchair 팔걸이의자

- I have no **friends to help me**.
  나는 / 가지고 있지 않다 / 친구들을 / 도와 줄 / 나를

- I need an armchair **to sit on**.
  나는 / 필요하다 / 팔걸이의자가 / 앉을

- The lady need a ball point pen **to write with**.
  그 숙녀는 / 필요하다 / 하나의 볼펜이 / 쓸 / 가지고

다음 스토리를 읽고 영어로 써보세요. Step 1을 먼저 해 보신 후, 다음 페이지의 영작 연습과 스토리 쓰기 구조 분석을 해 본 후 Step 2를 해보세요. 늘어나는 영작문 실력을 금방 확인할 수 있습니다!

* messenger 전달자
* be afraid of 두려워하다
* mistake 실수
* improve 증진시키다
* be interested in ~ 에 관심을 갖다

▶ 영어는 이미 중요한 메신저가 되었다. 그러나 많은 한국 사람들은 영어를 말하는 것을 두려워한다. 그들은 실수를 하지 않으려고 노력한다. 외국인과 영어로 말할 때 실수를 두려워 마라. 그들은 당신의 실수에 관심을 두지 않는다. 실수가 당신의 영어 능력이 증진되도록 만드는 것을 돕는다.

 Step 1 혼자서 써보기

-------------------------------------------------

-------------------------------------------------

-------------------------------------------------

-------------------------------------------------

-------------------------------------------------

-------------------------------------------------

➜ step 2는 다음 페이지의 '영작연습'과 '스토리 구조 분석'을 해본 후 다시 써보세요. 또는 정답을 옮겨 써 보세요.

Step 2 다시 한번 써보기

-------------------------------------------------

-------------------------------------------------

-------------------------------------------------

-------------------------------------------------

-------------------------------------------------

-------------------------------------------------

-------------------------------------------------

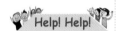 Help! Help!

• money 돈
• enough 충분한
• beautiful 아름다운

**Step 1** 다음 문장을 영어식 구조를 참고하여 영어로 써보세요.

(1) Mike는 그 책을 살 충분한 돈을 가지고 있다.

→ _____

> 영어식 구조 　Mike는 / 가지고 있다 / 충분한 돈을 / 살 / 그 책을

(2) 내가 방문할 그 곳은 매우 아름답다.

→ _____

> 영어식 구조 　그 곳은 / 내가 / 방문할 / ~이다 / 아름답다

(3) 마이크는 공부할 방을 가지고 있다.

→ _____

> 영어식 구조 　Mike는 / 가지고 있다 / 방을 / 공부할

(4) Tom은 우리를 도와 줄 부자이다.

→ _____

> 영어식 구조 　Tom / ~이다 / 부자 / 도와 줄 / 우리를

**Step 2** 다음 문장을 영어식 구조를 생각한 후 영어로 써보세요.

• discuss 토론하다
• bookstore 서점

(1) 우리는 토론해야 할 문제를 가지고 있다.

→ _____

(2) 나는 오후에 해야 할 어떤 것을 가지고 있다.

→ _____

(3) Jason은 읽을 많은 책을 샀다.

→ _____

(4) 나는 아버지와 함께 살 집을 샀다.

→ _____

다음 문장은 스토리 쓰기에 나오는 문장들입니다. 영어식 구조를 생각하며 문장을 만들어 본 후,
스토리 쓰기의 Step2를 해 보세요.

• be interested in 관
심이 있다

▶ 많은 한국인들은 영어로 말하는 것을 두려워한다.

→ _____

> 영어식
> 구조 | 많은 한국인은 / 두려워 한다 / 말하는 것을 / 영어로

▶ 외국인과 영어로 말할 때 실수를 두려워 마라.

→ _____

> 영어식
> 구조 | 두려워 마라 / 실수를 / 말할 때 / 영어로 / 외국인과

▶ 그들은 당신의 실수에 관심을 두지 않는다.

→ _____

> 영어식
> 구조 | 그들은 / 갖지 않는다 / 관심을 / 당신의 실수에

시험 엿보기

━ to부정사 구문도 수동형이 있을까요?
　- 물론 수동형이 있지요.
　□ the assignment **to be done** by you
　　= the assignment which will be done by you
　　　그 과업 / 행해져야 될 / 너에 의해서
　□ the book **to be pressed** tomorrow
　　= the book which will be pressed tomorrow
　　　그 책 / 출판 되어질 / 내일
　□ the salary **to be paid** by you
　　= the salary which will be paid by you
　　　월급 / 지불이 될 / 너에 의해서

# 동사를 형용사로 역할 변경하기 2
어, 형용사가 행동을 하네 – 분사구

A watched pot never boils.
주전자도 지켜보면 끓지 않는다.

"영어속담" 중에서

## 영작문 필수 구조

### 동사를 형용사로 변화시키기

사전에 나와 있는 형용사만으로는 명사의 동작을 설명하여 주기는 힘듭니다. 이때 동사의 꼴을 변형하여 동사가 형용사의 역할을 하도록 기능을 변화시킨 것입니다.

> **종류와 역할**
> 능동과 진행의 의미를 가진 현재분사 (V~ing)와
> 수동과 완료의 의미를 가진 과거분사 (~ed)가 있습니다.

▶ **동작 형용사** : 동사의 원형에 '-ing' 나 '-ed' 를 붙여(불규칙의 경우 제외)형용사처럼 쓰입니다. 동사의 의미를 가지면서 문장에서는 분사 구를 형성하여 형용사 역할을 하는 일종의 동작 형용사입니다.

☐ a girl **watching TV in the living room**
　소녀 / 보고 있는 / TV를 / 거실에서

☐ a car **made in Korea**
　차 / 만들어진 / 한국에서

## 영작문 필수 예문

• sing 노래하다
• sell 팔리다

→ **현재분사 – 능동의 역할**

☐ **The boy sings well.**
　그 소년은 / 노래한다 / 잘

☐ the boy **singing well**
　그 소년 / 노래하는 / 잘
　→ 명사 뒤에서 명사 the boy를 설명하는 형용사 역할을 합니다.

→ **과거분사 (pp) – 수동의 역할**

☐ This book **was written by the doctor.**
　이 책은 / 쓰이어졌다 / 의해서 / 그 의사에

☐ **This book written by the doctor** sells well.
　이 책은 / 쓰이어진 / 의해서 / 그 의사에 / 팔린다 / 잘

다음 스토리를 읽고 영어로 써보세요. Step 1을 먼저 해 보신 후, 다음 페이지의 영작 연습과 스토리 쓰기 구조 분석을 해 본 후 Step 2를 해보세요. 늘어나는 영작문 실력을 금방 확인할 수 있습니다!

• be satisfied with ~
  에 만족하다

• follow 따르다

• habit 습관

• get rid of 없애다, 버리다

▶ 도서관에서 책을 읽고 있는 Jenny를 보아라. 그녀는 엄마의 말을 잘 따른다. 그러나 집에서 혼자 컴퓨터 게임을 하고 있을 때를 생각해 보아라. 너는 항상 너의 일에 만족하지 않고 너의 엄마의 말을 따르지도 않는다. 너 스스로 좋은 계획을 만들고 그 계획을 실행하는 것이 너의 중요한 일이다. 이제 네가 나쁜 습관을 버리고 너의 새로운 인생을 시작할 시간이다.

**Step 1** 혼자서 써보기

----

----

----

----

----

----

→ step 2는 다음 페이지의 '영작연습'과 '스토리 구조 분석'을 해본 후 다시 써 보세요. 또는 정답을 옮겨 써 보세요.

**Step 2** 다시 한번 써보기

----

----

----

----

----

----

----

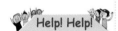
Help! Help!

- look for 찾다
- often 종종
- spoken 말해진

**Step 1** 다음 문장을 영어식 구조를 참고하여 영어로 써보세요.

(1) 그 회사는 영어를 잘 하는 사람을 찾고 있다.

→ _____

> 영어식구조   그 회사는 / 찾고 있다 / 사람을 / 말하는 / 영어를 / 잘

(2) 그들은 하늘을 날아가는 새들을 보았다.

→ _____

> 영어식구조   그들은 / 보았다 / 새들을 / 날아가는 / 하늘을

(3) 운동장에서 놀고 있는 어린이들은 수영하는 것을 좋아한다.

→ _____

> 영어식구조   어린이들 / 놀고 있는 / 운동장에서 / 좋아한다 / 수영하는 것을

(4) 미국에서 말해지는 언어는 영어이다.

→ _____

> 영어식구조   그 언어 / 말해지는 / 미국에서 / 이다 / 영어

**Step 2** 다음 문장을 영어식 구조를 생각한 후 영어로 써보세요.

- picture 그림
- popular 인기 있는

(1) 이것이 내 아이에 의해서 그려진 그림이다.

→ _____

(2) 한국에서 만들어진 그 차는 미국에서 인기가 있다.

→ _____

(3) 나에 의해서 지어진 그 집은 5층 건물이다.

→ _____

(4) David에 의해서 부서진 그 차는 매우 작았다.

→ _____

다음 문장은 스토리 쓰기에 나오는 문장들입니다. 영어식 구조를 생각하며 문장을 만들어 본 후,
스토리 쓰기의 Step2를 해 보세요.

▶ 도서관에서 책을 읽고 있는 Jenny를 보아라.

→ _____

**영어식 구조** 보아라 / Jenny를 / 읽고 있는 / 책을 / 도서관에서

▶ 그녀는 항상 엄마의 충고에 만족하고, 엄마의 말을 잘 따른다.

→ _____

**영어식 구조** 그녀는 / 항상 / 만족한다 / 엄마의 충고에 / 그리고 / 따른다 / 엄마의 말을 / 잘

시험 엿보기

━ 다음 예문을 통해 시험에 철저히 대비해 보세요.

□ His car **broken by the accident** was very cheap.
  그의 차는 / 부서진 / ~의해서 / 그 사고에 / ~이다 / 매우 쌌다
  → 차가 부서졌으니 수동인 broken 쓰였습니다.

□ I am sorry to have kept you **waiting so long**.
  미안해요 / 당신을 / 기다리게 해서 / 오랫동안
  → you가 능동적으로 기다렸으니 waiting이 쓰였습니다.

□ The house is **surrounded by the pine trees**.
  그 집은 / 둘러싸여 있다 / ~에 의해 / 소나무에
  → 집이 둘러싸여 있으니 수동인 surrounded가 쓰였습니다.

## Essay Writing

주제 : 모든 형태의 생명체의 중요성

사람들은 동물과 식물 같은 다른 형태의 생명체와 함께 이 행성을 공유합니다. 또한 사람들은 음식을 위해서 그들에게 의지를 합니다. 사실, 사람과 그들은 살기 위해서 서로 의지를 합니다. 사람과 그들이 이 행성에서 의지하는 방법은 생태계라 불립니다.

반면에 더욱더 우리가 살고 있는 행성은 사람에게 위험한 조건에 놓여 있습니다. 만약 생태계의 한 부분이 손상되면, 그것은 사람과 동물을 해칩니다. 그래서 사람들은 잘 살기 위해서 다른 형태의 생명을 돌보아야 합니다.

---

**어휘**

- **other forms of life** 다른 형태의 생명
- **plant** 식물
- **planet** 행성
- **share** 공유하다
- **depend on** 의지하다
- **ecosystem** 생태계
- **danger** 위험
- **be damaged** 손상되어지다
- **hurt** 해치다

---

**Tips** ■ Essay 구성 원칙

Main idea(주제문) → Support(주제문 뒷받침) → Conclusion(결론)

첫 번째, 주제를 뒷받침해주는 main idea를 작성 합니다.
두 번째, 이 주제문을 뒷받침하여 주는 문장을 2 ~ 3개 작성 합니다.
마지막으로 주제문을 다시 강조해주는 문장을 만들어 주는 것이 essay의 기본 구조입니다.

＊

위 essay를 예를 들면, 모든 형태의 생명체의 중요성을 main idea로 정했습니다. 이를 뒷받침하여 주는 문장이 제시 되어야겠지요. 사람들은 음식을 위해서 그들에게 의지를 한다고 그 중요성을 제시하였습니다. 만약 그들의 일부분이라도 손상이 되면 사람들은 위험한 상황에 놓인다고 주장하면서, 다른형태의 생명을 잘 돌보아야 한다고 다시 강조를 했습니다.

# Leisure

W. H. Davies

What is this life if, full of care,

We have no time to stand and stare?

No time to stand beneath the boughs,

And stare as long as sheep and cows:

No time to see, when woods we pass,

Where squirrels hide their nuts in grass:

No time to see, in broad daylight,

Streams full of stars, like skies at night:

No time to turn at Beauty's glance,

And watch her feet, how they can dance:

No time to wait till her mouth can

Enrich that smile her eyes began?

A poor life this if, full of care,

We have no time to stand and stare.

# Part 7

**형용사류 II**

# 관계대명사절
### 접속사가 대명사를 만나면, 우리는 하나

I guess it's hard for people who are so used to things the way they are - even if they're bad- to change. 자신의 방식에 익숙한 사람들은 그게 잘못된 것일지라도 바꾸기가 쉽지 않은 것 같아요.

영화 "For the Wonderful World" 중에서

## ◈ 영작문 필수 구조

### 관계대명사의 역할

글을 쓸 때는 두 개의 문장을 한 개의 문장으로 만드는 것이 간결하고 좋습니다. 이때 두 문장을 결합할 때 쓰이면서 접속사와 대명사 역할을 하는 매개체가 필요합니다. 이러한 역할을 하는 것이 관계대명사입니다.

#### ▶ 관계대명사와 격

|  | 주격 | 소유격 | 목적격 |
|---|---|---|---|
| 사람 | who, that | whose | whom, that |
| 사물 | which, that | whose, of which | which, that |

## ◈ 영작문 필수 예문

- pass 통과하다
- personality 개성
- generous 관대한
- company 회사
- be hired 고용되다

☐ I met the man **who had helped me to pass the test**.
나는 / 만났다 / 그 사람을 / 도왔던 / 내가 / 통과하게 / 그 시험에

☐ The man **whose personality is generous** was hired by the company.
그 사람 / 그의 개성이 / 관대한 / 고용되었다 / 의해서 / 그 회사에

☐ The man **whom I met yesterday** gave me some information.
그 사람 / 내가 / 만났던 / 어제 / 주었다 / 나에게 / 약간의 / 정보를

☐ I bought the house **which was built last year**.
나는 / 샀다 / 그 집을 / 지어진 / 작년에

☐ I bought the house **which your sister lived in last year**.
나는 / 샀다 / 그 집을 / 너의 동생이 / 살았던 / 작년에

☐ I bought the house **whose color is white**.
나는 / 샀다 / 그 집을 / 그것의 색깔이 / 흰

다음 스토리를 읽고 영어로 써보세요. Step 1을 먼저 해 보신 후, 다음 페이지의 영작 연습과 스토리 쓰기 구조 분석을 해 본 후 Step 2를 해보세요. 늘어나는 영작문 실력을 금방 확인할 수 있습니다!

- miss 그리워하다
- be located ~에 위치 해 있다
- improve 증진시키다
- be going to ~할 예 정이다
- invite 초대하다

▶ 어머니가 미국에서 살고 있는 Jason은 날마다 어머니를 만나기를 원한다. 그의 어머니가 살고 있는 집은 호숫가에 위치해 있으며 큰 정원을 가지고 있다. 그의 어머니는 서울에서 살고 있는 그의 아들을 초대할 예정이다. 그는 영어능력 향상을 위하여 항상 미국의 TV를 본다. TV를 보는 것에 의해서, 그의 영어능력은 계속 향상 되어가고 있다.

**Step 1 혼자서 써보기**

---

---

---

---

---

---

---

---

→ step 2는 다음 페이 지의 '영작연습'과 '스토리 구조 분석' 을 해본 후 다시 써 보세요. 또는 정답을 옮겨 써 보세요.

**Step 2 다시 한번 써보기**

---

---

---

---

---

---

---

---

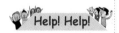
Help! Help!

• neighbor 이웃

**Step 1** 다음 문장을 영어식 구조를 참고하여 영어로 써보세요.

(1) 내가 만났던 그 사람은 그녀의 친구이다.

→ _____

> **영어식 구조** 그 사람 / 내가 / 만났던 / 이다 / 그녀의 친구

(2) 남편이 의사인 그 숙녀는 매우 우아하다.

→ _____

> **영어식 구조** 그 숙녀는 / 남편이 / 의사인 / 이다 / 매우 우아(한)

(3) 나를 도와주었던 그 신사는 내 친구를 사랑한다.

→ _____

> **영어식 구조** 그 신사는 / 나를 도와주었던 / 사랑한다 / 내 친구를

(4) 딸과 함께 걷고 있는 저 숙녀는 나의 이웃이다.

→ _____

> **영어식 구조** 저 숙녀는 / 걷고 있는 / ~함께 / 딸과 / 이다 / 나의이웃

**Step 2** 다음 문장을 영어식 구조를 생각한 후 영어로 써보세요.

• doll 인형
• collect 모으다
• stamps 우표
• be known to ~에 알려지다

(1) 그 소녀는 그 소년에 의해서 만들어진 그 인형을 나에게 주었다.

→ _____

(2) 그 여자를 사랑했던 그 남자는 미국으로 가 버렸다.

→ _____

(3) 취미가 우표수집인 그 사람은 그녀를 그리워한다.

→ _____

(4) 그 여자에 의해서 쓰여진 그 책은 많은 사람들에게 인기 있었다.

→ _____

다음 문장은 스토리 쓰기에 나오는 문장들입니다. 영어식 구조를 생각하며 문장을 만들어 본 후,
스토리 쓰기의 Step2를 해 보세요.

▶ 어머니가 미국에서 살고 있는 Jason은 날마다 어머니를 만나기를 원한다.

→ _____

영어식
구조   Jason은 / 원한다 / 만나기를 / 어머니를 / 살고 있는 / 미국에서

▶ 그의 어머니는 서울에서 살고 있는 그의 아들을 그녀의 집에 초대할 예정이다.

→ _____

영어식
구조   그의 어머니는 / 초대할 예정이다 / 그녀의 집에 / 그의 아들을 / 살고 있는 / 서울에서

시험 엿보기

━ 시험에서 관계대명사 선택은 어떻게 할까요?
  □ This is the lady / _____ joined the club.
    이 사람이 / 그 숙녀이다 / 가입했던 / 그 클럽에
    → 이 문장에서 joined의 주어가 없으니 주격 who가 필요합니다.
  □ This is the lady / _____ you joined the club with.
    이 사람이 / 그 숙녀이다 / 너는 / 가입했다 / ~함께 / 그 숙녀와
    → 이 문장에서 전치사 with의 목적어가 필요하니 목적격 whom이 필요합니다.
  □ This is the lady / _____ husband is a lawyer.
    이 사람이 / 그 숙녀이다 / 그녀의 남편은 / 변호사이다
    → 이 문장에서 husband의 소유격이 필요합니다. 따라서 소유격인 whose가 필요합니다.

## Unit 26

# 복합관계대명사와 전치사구

난, 양보절을 형성해요

> My my, just how much I've missed you.
> 어쩌나, 얼마나 내가 당신을 그리워했는데.
>
> 팝송 "Mamma Mia" 중에서

### 영작문 필수 구조

**복합관계대명사**

복합관계대명사란 "관계사(that제외) + ever"의 형태로 선행사를 포함하여 선행사의 역할과 관계대명사 역할을 동시에 합니다.

> **복합관계대명사 역할**
> 복합관계대명사는 관계사 뒤에 ever를 붙여 양보 절을 구성하거나, 문장에서 주어나 목적어 역할을 합니다.
>
> **전치사구(clause) 역할**
> 문장에서 형용사 역할
> 전치사 뒤에 전치사의 목적격을 갖는다. 명사를 설명하여 주거나 문장에 있는 동사를 수식하여 줍니다.

### 영작문 필수 예문

• anyone 누구나

☐ Anyone can come here. + He wants to meet her.

☐ Anyone **he wants to meet her** can come here. ( × )

= Anyone who wants to meet her can come here. ( ○ )

anyone과 he는 같은 사람이므로 he를 주격 관계대명사 who로 바꿉니다.

= **Whoever wants to meet her** can come here.

어떤 사람도 / 만나려는 / 그녀를 / 올 수 있다 / 여기에

☐ I saw the boy **with his friends**.

나는 / 보았다 / 그 소년을 / 함께 있는 / 친구들과

→ 전치사 구인 with his friends가 the boy를 수식하여 줍니다.

다음 스토리를 읽고 영어로 써보세요. Step 1을 먼저 해 보신 후, 다음 페이지의 영작 연습과 스토리 쓰기 구조 분석을 해 본 후 Step 2를 해보세요. 늘어나는 영작문 실력을 금방 확인할 수 있습니다!

- improve 증진시키다
- praise 칭찬하다
- ability 자질
- accept 받다
- motto 좌우명

▶ 무엇을 네가 가지고 있다 해도, 너는 그것을 이용할 수 있는 능력을 증진시켜야 한다. 누가 너에게 칭찬을 해도, 너는 그것들의 전부를 받아들여서는 안 된다. 누구를 네가 믿는다 해도, 그의 조언 전부를 받아들여서는 안 된다. 누구의 충고를 네가 듣는다 해도, 너는 너 자신의 중요한 좌우명을 가지고 있어야 한다.

### Step 1 혼자서 써보기

---
---
---
---
---
---
---

→ step 2는 다음 페이지의 '영작연습'과 '스토리 구조 분석'을 해본 후 다시 써 보세요. 또는 정답을 옮겨 써 보세요.

### Step 2 다시 한번 써보기

---
---
---
---
---
---
---

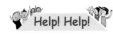

• receive 받다

**Step 1** 다음 문장을 영어식 구조를 참고하여 영어로 써보세요.

(1) 너는 네가 아는 누구든지 만날 수 있다.

→ _____

영어식 구조 너는 / 만날 수 있다 / 누구든지 / 네가 / 아는

(2) 그것을 네가 좋아하는 누구에게나 주어라.

→ _____

영어식 구조 주어라 / 그것을 / 누구에게나 / 네가 / 좋아하는

(3) 너는 네가 읽은 어느 것이나 받을 수 있다.

→ _____

영어식 구조 너는 / 받을 수 있다 / 어느 것이나 / 네가 읽은

(4) 네가 가지고 있는 어느 것이나 나에게 좋다.

→ _____

영어식 구조 어느 것이나 / 네가 / 가지고 있는 / 좋다 / 나에게

**Step 2** 다음 문장을 영어식 구조를 생각한 후 영어로 써보세요.

• about 약(대략)
• century 세기
• vase 병
• traditional 전통적인
• museum 박물관

(1) 우리 학교에 있는 도서관은 약 20,000권의 책을 가지고 있다.

→ _____

(2) 테이블 위에 있는 그 꽃병은 19세기에 만들어졌다.

→ _____

(3) 나는 도서관에 있는 코끼리에 관한 많은 책을 읽었다.

→ _____

(4) 그들은 전통적인 한국의 집들을 보기 위해서 그 박물관을 방문했다.

→ _____

다음 문장은 스토리 쓰기에 나오는 문장들입니다. 영어식 구조를 생각하며 문장을 만들어 본 후, 스토리 쓰기의 Step2를 해 보세요.

▶ 너는 그것을 이용할 수 있는 능력을 증진시켜야 한다.

→ _____

 너는 / 증진시켜야 한다 / 능력을 / 이용할 수 있는 / 그것을

▶ 누구를 네가 믿는다 해도, 그의 조언 전부를 받아들여서는 안 된다.

→ _____

 누구를 / 네가 / 믿는다 해도, 너는 / 받아들여서는 안 된다 / 그의 조언 / 전부를

 시험 엿보기

— whoever, whomever, whosever 어떻게 구별하나요?
   ▢ **Whoever** solves this question first can receive the gift.
     누구나 / 푸는 / 이 문제를 / 처음으로 / 받을 수 있다 / 이 선물을
     → 동사 solve, can receive의 주어가 필요하니 Whoever가 필요합니다.
   ▢ **Whomever** you meet, you have to be polite.
     누구를 / 네가 / 만나도, 너는 / 있어야한다 / 예절이
     → 문장에서 you meet의 목적어가 필요합니다. 목적격인 Whomever 필요합니다.
   ▢ **Whosever** book you read, you have to read it completely.
     누구의 책을 / 네가 / 읽어도, 너는 / 읽어야한다 / 완전히
     → 문장에서 book you read에서 book의 소유격이 필요합니다. 소유격인 Whosever 필요합니다.

# 원급, 비교급, 최상급의 기본

형용사도 변신을 해요

This has got to be the saddest day of my life.
오늘이 내 인생에 가장 슬픈 날이 될 것 같군요.

팝송 "Kiss and Say Good Bye" 중에서

## 영작문 필수 구조

### 둘 이상을 비교할 때

형용사도 동사처럼 꼴을 변형시킬 수 있습니다.
형용사나 부사를 이용하여 둘 이상의 것을 비교하여 그것의 성질이나 상태의 차이를 나타
낼 때 쓰입니다.

> **원급을 이용한 비교**
> – 비교되는 사람이나 사물이 서로 동등한 경우에 사용되는 표현입니다.
> – 두 개의 문장을 하나의 문장으로 만들 수 있습니다.
>
> **비교급 이용한 비교**
> – 두 개의 비교대상에서 한쪽이 더 우월하거나 열등할 때 쓰입니다.
> – 형용사나 부사에 ~er을 첨가 하거나, 형용사 앞에 more를 씁니다. 접속사는 than을 씁니다.
>
> **최상급 이용한 비교**
> – 셋 이상에서 그 정도가 가장 큰 것을 나타낼 때 쓰입니다.
> – 형용사나 부사 다음에 ~est를 첨가합니다.
> – many, much의 최상급인 most를 사용합니다.

## 영작문 필수 예문

• young 젊은

• village 마을

▢ She is **as young** as he.

그녀는 / 젊다 / 그만큼

▢ She is **younger than** he.

그녀는 / 더 젊다 / ~보다 / 그

▢ She is **the youngest** in my village.

그녀는 / 가장 젊다 / 나의 마을에서

다음 스토리를 읽고 영어로 써보세요. Step 1을 먼저 해 보신 후, 다음 페이지의 영작 연습과 스토리 쓰기 구조 분석을 해 본 후 Step 2를 해보세요. 늘어나는 영작문 실력을 금방 확인할 수 있습니다!

• far away  먼

• confusing  혼란스런

• open mind  열린 마음

• everywhere  어느 곳 이나

▶ 먼 나라를 여행하고 외국문화를 경험하는 것은 큰 경험이 될 수 있다. 그들의 문화를 이해한다는 것은 또한 혼란스러울 수 있다. 가장 중요한 것은 외국문화에 열린 마음을 유지하는 것이다. 기억해라, 네가 어디를 가더라도, 모든 것은 똑 같지는 않다는 것을. 당신 나라의 문화가 다른 사람들의 문화보다 더 귀중하다고 생각하지 마라.

### Step 1 혼자서 써보기

➡ step 2는 다음 페이지의 '영작연습'과 '스토리 구조 분석'을 해본 후 다시 써보세요. 또는 정답을 옮겨 써 보세요.

### Step 2 다시 한번 써보기

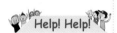

Help! Help!

- smart  영리한
- wise  영리한
- mathematics  수학

**Step 1** 다음 문장을 영어식 구조를 참고하여 영어로 써보세요.

(1) Tom은 Lisa 만큼 영리하다.

→ _____

> 영어식구조  Tom은 / 이다 / 영리하다 / ~만큼 / Lisa

(2) 그녀는 수학에서 Tom만큼 영리하다.

→ _____

> 영어식구조  그녀는 / 영리하다 / Tom만큼 / 수학에서

(3) Tom은 Lisa보다 더 많은 책을 가지고 있다.

→ _____

> 영어식구조  Tom은 / 가지고 있다 / 더 많은 / 책을 / ~보다 / Lisa

(4) 그녀가 그보다 더 어리다.

→ _____

> 영어식구조  그녀가 / 더 어리다 / ~보다 / 그

**Step 2** 다음 문장을 영어식 구조를 생각한 후 영어로 써보세요.

- climate  기후
- mild  온화한
- area  지역

(1) Tom은 그의 반에서 가장 많은 책을 가지고 있다.

→ _____

(2) 그녀는 이 학교에서 수학에서 가장 영리하다.

→ _____

(3) 한국의 기후가 3개 국가 중 가장 온화하다.

→ _____

(4) 이 지역에서 그 산의 꼭대기가 가장 높다.

→ _____

다음 문장은 스토리 쓰기에 나오는 문장들입니다. 영어식 구조를 생각하며 문장을 만들어 본 후, 스토리 쓰기의 Step2를 해 보세요.

▶ 그들의 문화를 이해한다는 것은 또한 혼란스러울 수 있다.

→ _____

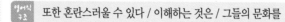 또한 혼란스러울 수 있다 / 이해하는 것은 / 그들의 문화를

▶ 기억해라, 네가 어디를 가더라도, 모든 것은 똑같지는 않다는 것을.

→ _____

영어식 구조 기억해라, 모든 것은 / 똑같지는 않다는 것을 / 어디를 / 네가 / 가더라도

 시험 엿보기

— 비교급에서 쓰이는 that과 those는 어떤 차이가 있나요?

한 문장에서 한번 쓰인 명사는 반드시 대명사로 대신하여야 합니다.
따라서 that과 those는 비교급 문장에서 대명사로 쓰입니다.

▫ Your plan is more useful than that of his.
너의 계획이 / 더 유용하다 / 그의 것보다
→ that은 plan을 대신한 대명사입니다.

▫ Your income is more than that of mine.
너의 수입이 / 더 많다 / 나의 것보다
→ that은 income을 대신한 대명사입니다.

▫ Your books are more useful than those of mine.
너의 책들이 / 더 유용하다 / 나의 것들보다
→ those는 books를 대신한 대명사입니다.

▫ The tails of the rabbits are longer than those of mice.
토끼의 꼬리들이 / 더 길다 / 쥐들의 것보다
→ those는 tails를 대신한 대명사입니다.

주제 : 현대사회에서 영어의 중요성

현대사회에서 영어는 점점 더 중요하게 되고 있다. 그것은 비즈니스 세계에서 필수이다. 회사들의 목표는 다국적 기업이 되는 것이다. 직원들은 외국인들과 대화하기 위하여 영어를 사용해야만 한다. 그래서 회사는 영어를 잘 말할 수 있는 직원들을 찾고 있다. 더 좋은 관계를 외국인과 갖기 위해서, 우리는 그들의 문화와 개성도 잘 이해해야 한다. 영어를 사용하는 것에 의해서, 우리는 우리 자신을 세계화에 적응할 수 있다. 따라서 우리는 외국인들과 영어로 의사소통하는 충분한 능력을 가져야겠다.

---

**어휘**

- **necessary** 필수적인
- **target** 목표
- **employee** 직원
- **communicate** 대화하다
- **global company** 다국적 기업
- **seek** 찾다

- **modern** 현대의
- **personality** 개성
- **relationship** 관계
- **adapt** 적응하다
- **globalism** 세계화
- **fundamental** 근본

---

**Tips** ■ Essay 구성 원칙

Main idea(주제문) → Support(주제문 뒷받침) → Conclusion(결론)

첫 번째, 주제를 뒷받침해주는 main idea를 작성 합니다.
두 번째, 이 주제문을 뒷받침하여 주는 문장을 2 ~ 3개 작성 합니다.
마지막으로 주제문을 다시 강조해주는 문장을 만들어 주는 것이 essay의 기본 구조 입니다.

＊

위 문장을 예를 들면, 주제문으로 현대사회에서 영어의 중요성에 대하여 제시를 하였습니다. 그리고 영어를 사용하는 것에 의해서 세계화에 적응할 수 있다는 것으로 주제문을 다시 강조를 하였습니다.

# You and I

Henry Alford

My hand is lonely for your clasping, dear;

My ear is tired waiting for your call.

I want your strength to help, your laugh to cheer;

Heart, soul and senses need you, one and all.

I droop without your full, frank sympathy;

We ought to be together-you and I;

We want each other so, to comprehend

The dream, the hope, things planned, or seen, or wrought.

Companion, comforter and guide and friend,

As much as love asks love, does thought ask thought.

Life is so short, so fast the lone hours fly,

We ought to be together, you and I.

# Part 8 부사류

# Unit 28

## 부사의 의미와 역할
난, 문장의 감초역

> Two of a trade seldom agree.
> 같은 장사끼리는 화합이 잘 되지 않는다.
>
> "영어속담" 중에서

**영작문 필수 구조**

### 부사의 역할

문장에서 부사의 역할은 주로 동사의 뒤에서 동사를 수식하고, 형용사의 앞에서 형용사를 수식 합니다. 그리고 또 다른 부사를 앞에서 수식하고 때로는 문장전체를 수식하여 주는 여러가지 역할을 합니다.

> 사전에 있는 부사와 사전에 없는 부사로 분류 할 수 있습니다.
> 사전에 있는 부사: 일반 부사들
> 사전에 없는 부사: 전치사구(phrase), to부정사구(phrase)

▶ **사전에 없는 부사류**

전치사구(phrase)와 to부정사구(phrase)

▫ The house was built **by the workers**.

그 집은 / 지어졌다 / 의해서 / 그 노동자들에

→ 전치사구(phrase), by the workers는 동사 was built를 수식합니다.

▫ Judy sings **to make the audience happy**.

Judy는 / 노래한다 / 만들려고 / 청중들을 행복하게

→ 'to make the audience happy' – to부정사구(phrase)가 쓰였습니다.
이유 혹은 목적을 나타냅니다.

**영작문 필수 예문**

• office 사무실
• finish 끝내다
• completely 완전하게

▫ The man is **in the office**.

그 사람은 / 있다 / 사무실에

▫ The lady finished the work **with her mother**.

그 숙녀는 / 끝냈다 / 그 일을 / 함께 / 그녀의 어머니와

▫ She finished the work **completely**.

그녀는 / 끝마쳤다 / 그 일을 / 완전하게

다음 스토리를 읽고 영어로 써보세요. Step 1을 먼저 해 보신 후, 다음 페이지의 영작 연습과 스토리 쓰기 구조 분석을 해 본 후 Step 2를 해보세요. 늘어나는 영작문 실력을 금방 확인할 수 있습니다!

• useful 유익한

• choose 선택하다

• influence 영향을 미치다

▶ 좋은 성적을 위하여 학생들은 많은 책들을 산다. 많은 종류의 책들이 출판되어진다. 책은 너에게 크게 영향을 미치기 때문에 너는 너에게 유익한 책을 선택하고 읽어야 한다. 중요한 것은 유익한 책을 조심스럽게 선택하는 것이다.

### Step 1 혼자서 써보기

---
---
---
---
---
---
---

→ step 2는 다음 페이지의 '영작연습'과 '스토리 구조 분석'을 해본 후 다시 써 보세요. 또는 정답을 옮겨 써 보세요.

### Step 2 다시 한번 써보기

---
---
---
---
---
---
---
---

## 영작연습

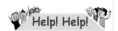

### Help! Help!

- fast 빠른
- correctly 정확하게
- separately 따로

**Step 1** 다음 문장을 영어식 구조를 참고하여 영어로 써보세요.

(1) Juliet은 그 문제를 빠르고 정확하게 풀었다.

→ _____

> Juliet은 / 풀었다 / 그 문제를 / 빠르고 / 정확하게

(2) Juliet은 Tom에게 행복하게 편지를 썼다.

→ _____

> Juliet은 / 썼다 / Tom에게 / 편지를 / 행복하게

(3) Juliet은 한국을 방문하기 위하여 한국어를 배운다. (to부정사 이용)

→ _____

> Juliet은 / 배운다 / 한국어를 / 방문하기 위하여 / 한국을

(4) 그들은 지금 따로 살고 있다.

→ _____

> 그들은 / 있다 / 지금 / 살고 / 따로

**Step 2** 다음 문장을 영어식 구조를 생각한 후 영어로 써보세요.

(1) Tom은 높이 점프할 수 있다.

→ _____

(2) 그것은 아름답게 설계된 집이다.

→ _____

(3) 나는 도서관에 있는 그 책에 의해서 크게 감명받았다.

→ _____

(4) 나는 그 책을 도서관에서 쉽게 찾았다.

→ _____

다음 문장은 스토리 쓰기에 나오는 문장들입니다. 영어식 구조를 생각하며 문장을 만들어 본 후,
스토리 쓰기의 Step2를 해 보세요.

▶ 많은 종류의 책들이 출판되어진다.

→ _____

> **영어식 구조** 많은 종류의 책들이 / 되어진다 / 출판

▶ 책은 너에게 많은 영향을 미친다.

→ _____

> **영어식 구조** 책은 / 영향을 미친다 / 너에게 / 많이

시험 엿보기

── 전치사 구는 형용사 역할과 부사 역할을 한다고 하는데, 어떻게 구별하나요?

☐ The house **near the lake** is my sister's.
집은 / 호숫가 근처의 / ~이다 / 나의 여동생의 것
→ 전치사 구 near the lake는 house를 수식하므로 형용사 역할을 합니다.

☐ The airplane **in the airport** leaves for New York tomorrow.
비행기는 / 공항에 있는 / 떠난다 / New York으로 / 내일
→ 전치사 구 in the airport는 airplane을 수식하므로 형용사 역할을 합니다.

☐ She finished the work **on time**.
그녀는 / 끝냈다 / 그 일을 / 정시에
→ 전치사 구 on time은 동사 finished를 수식하므로 부사 역할을 합니다.

☐ She came here **with the man**.
그녀는 / 왔다 / 이곳에 / ~함께 / 그 사람과
→ 전치사 구 with the man은 동사 came을 수식하므로 부사 역할을 합니다.

# Unit 29

# 양보절 – However, Wherever

though보다 더 멋진 뉘앙스가 있네

> All we do crumbles to the ground though we refuse to see.
> 우리가 하는 모든 일들은 산산히 부서지고, 비록 우린 보려하지 않아도.
>
> 팝송 "Dust in The Wind" 중에서

## 영작문 필수 구조

### 양보절(clause)의 의미
어떤 원인에 대해 예상치 못한 결과나 반대되는 내용이 나올 때 사용하는 접속사입니다.

### 양보절의 역할
종속절인 양보 절을 형성하여 주절을 수식하여 주는 부사와 같은 역할을 합니다.

## 영작문 필수 예문

• wherever  어느 곳이나
• healthy  건강한
• foreigners  외국인

→ However 이용하기

☐ **However much you love him,** he can't love you.
아무리 많이 / 네가 / 사랑해도 / 그를, 그는 / 사랑할 수 없다 / 너를

☐ **However much you love her,** she can't marry you.
아무리 / 많이 / 네가 / 사랑해도 / 그 여자를, 그녀는 / 결혼할 수 없다 / 너와

→ Wherever 이용하기

☐ **Wherever you go,** you can meet good foreigners.
어디를 / 네가 / 가더라도, 너는 / 만날 수 있다 / 좋은 외국인들을

☐ **Wherever you go,** you should be healthy.
어디를 / 네가 / 가더라도, 너는 / 건강해야 돼

다음 스토리를 읽고 영어로 써보세요. Step 1을 먼저 해 보신 후, 다음 페이지의 영작 연습과 스토리 쓰기 구조 분석을 해 본 후 Step 2를 해보세요. 늘어나는 영작문 실력을 금방 확인할 수 있습니다!

- exercise  운동하다
- light  가벼운
- active  활동적인
- healthy  건강한
- future  미래

▶ 아무리 날씨가 추워도, 사람들은 아침에 운동을 해야 한다. 아침의 가벼운 운동은 사람들을 더 활동적이게 만든다. Tom은 어디에 가더라도, 그는 아침에 운동을 한다. 그는 아무리 피곤하더라도, 그는 매일 아침 1시간 동안 달리기를 한다. 아무리 당신이 지금 건강하더라도, 당신은 미래를 위해서 아침마다 운동을 하여야 한다.

### Step 1 혼자서 써보기

---
---
---
---
---
---
---

→ step 2는 다음 페이지의 '영작연습' 과 '스토리 구조 분석'을 해본 후 다시 써 보세요. 또는 정답을 옮겨 써 보세요.

### Step 2 다시 한번 써보기

---
---
---
---
---
---

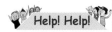
Help! Help!

• boiled water 끓인 물

• laugh 비웃다

• gift 선물

**Step 1** 다음 문장을 영어식 구조를 참고하여 영어로 써보세요.

(1) 어디에서 네가 물을 마셔도, 너는 끓인 물을 마셔야한다. (wherever 이용)

→ _____

> 영어식 구조  어디에서 / 네가 / 마셔도 / 물을, 너는 / 마셔야한다 / 끓인 물을

(2) 아무리 네가 나이가 들어도, 너는 살아가는 방법을 배워야한다. (however 이용)

→ _____

> 영어식 구조  아무리 / 네가 / 나이가 들어도, 너는 / 배워야한다 / 살아가는 방법을

(3) 누가 너를 비웃어도, 너는 너의 일을 끝마쳐야한다. (whoever 이용)

→ _____

> 영어식 구조  누가 / 비웃어도 / 너를, 너는 / 끝마쳐야한다 / 너의 일을

(4) 아무리 많은 선물을 네가 그녀에게 주어도, 너는 그녀의 마음을 바꿀 수 없다. (however 이용)

→ _____

> 영어식 구조  아무리 많은 선물을 / 네가 / 주어도 / 그 여자에게, 너는 / 바꿀 수 없다 / 그녀의 마음을

**Step 2** 다음 문장을 영어식 구조를 생각한 후 영어로 써보세요.

• expensive 비싼

• first train 첫기차

(1) 어디에서 네가 살더라도, 너는 비싼 집을 사지 마라.

→ _____

(2) 아무리 네가 일찍 일어나도, 너는 그 첫 기차를 탈 수 없다.

→ _____

(3) 누가 Tom의 집을 방문해도, 그들은 집안에 있는 정원을 보고 놀란다. (그들은 he or she 사용)

→ _____

(4) 그녀의 아들이 책을 읽을 때 마다, 그녀는 행복을 느낀다.

→ _____

다음 문장은 스토리 쓰기에 나오는 문장입니다. 영어식 구조를 생각하며 문장을 만들어 본 후,
스토리 쓰기의 Step2를 해 보세요.

▶ 아무리 날씨가 추워도, 사람들은 아침에 운동을 하여야 한다.

→ _____

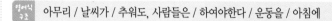 아무리 / 날씨가 / 추워도, 사람들은 / 하여야한다 / 운동을 / 아침에

▶ 아침의 가벼운 운동은 사람들을 더 활동적이고 좋게 만든다.

→ _____

가벼운 운동은 / 아침의 / 만든다 / 사람들을 / 더 활동적이고 / 좋게

▶ 아무리 당신이 지금 건강하더라도, 당신은 미래를 위해서 아침마다 운동을 하여야한다.

→ _____

아무리/건강하더러도/당신이/지금, 당신은/하여야한다/운동을/아침마다/ ~위해서/미래를

## 시험 엿보기

— 의문사 + ever 절이 양보절(clause)일 때는?

양보절로 쓰일 때는 부사절(clause) 역할을 할 때입니다.

□ However young he is, he has to learn the way to live.

아무리 / 그가 / 어려도, 그는 / 배워야한다 / 방법을 / 사는 (양보절)

□ Wherever you go fishing, you have to be careful.

어디에서 / 네가 / 낚시질 하든, 너는 / 조심해야 돼 (양보절)

□ Wherever you go, I can find out you.

어디를 / 네가 / 가더라도, 나는 / 찾을 수 있다 / 너를

# 양보절 – Whoever, Whomever, Whosever, Whichever
## 표현의 뉘앙스를 살려줘요

> I feel sure that whoever wins the election will have the support of both parties.
> 선거에서 이긴 누구나 양진영의 지지를 갖는다고 확신 합니다.
> "Barack Obama의 연설문" 중에서

## ▤ 영작문 필수 구조

### 양보절(clause)이란?

한 개의 문장에서 주절(main clause)과 부사절(adverb clause)이 서로 반대의 의미가 될 때 쓰는 문장을 말합니다. 양보절 접속사 though를 사용하지 않고 만들 수 있습니다.

> **관계대명사/ 의문사 + ever를 이용하여 양보절 만들기**
> □ Whomever you love, you can't go there with him.
> – 목적격이 him이므로 관계대명사 목적격 이용하여 whom + ever
> = No matter whom you love, you can't go there with him.
> 누구를/네가/사랑한다 해도, 너는/갈 수 없다/그 곳에/그와 함께
> – whom앞에 no matter 첨가하여 양보절 형성

## ▤ 영작문 필수 예문

• whoever 누구나

• depend on 의지하다

• own 스스로의

• personality 개성

• whichever
어느 것이나

• pay 지불하다

→ Whoever, Whomever 이용하기

□ **Whoever loves you**, you must not depend on him.
누가 / 사랑해도 / 너를, 너는 / 의지해선 안 돼 / 그를

□ **Whomever you meet**, you should have your own personality.
누구를 / 네가 / 만나도, 너는 / 가져야 한다 / 너 자신의 개성을

→ Whichever 이용하기

□ **Whichever you bought in the store**, you must pay the price.
어떤 것을 / 네가 / 샀어도 / 그 가게에서, 너는 / 지불해야 한다 / 그 가격을

# 스토리 쓰기

다음 스토리를 읽고 영어로 써보세요. Step 1을 먼저 해 보신 후, 다음 페이지의 영작 연습과 스토리 쓰기 구조 분석을 해 본 후 Step 2를 해보세요. 늘어나는 영작문 실력을 금방 확인할 수 있습니다!

- whoever 누구라도
- borrow 빌리다
- return 반납하다
- share 공유하다
- hate 싫어하다
- bring 가져오다

▶ 도서관에서 책을 빌리는 누구라도, 3일 이내에 책을 반납하여야 합니다. 모든 사람들 은 그들이 읽을 책이 필요할 때마다 도서관에 있는 책을 빌릴 권리를 가지고 있습니다. 모든 사람들은 다른 사람들이 싫어하는 어떠한 것도 도서관 안으로 가지고 와서는 안 됩니다. 그 이유는 도서관은 사람들이 다른 사람과 함께 공유하는 공공시설이기 때문 입니다.

### Step 1 혼자서 써보기

---
---
---
---
---
---

→ step 2는 다음 페이 지의 '영작연습'과 '스토리 구조 분석' 을 해본 후 다시 써 보세요. 또는 정답을 옮겨 써 보세요.

### Step 2 다시 한번 써보기

---
---
---
---
---
---
---

## 영작연습

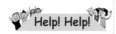

Help! Help!

* depend on 의지하다
* overuse 남용하다

**Step 1** 다음 문장을 영어식 구조를 참고하여 영어로 써보세요.

(1) 누가 이곳에 첫번째로 오더라도, 그 혹은 그녀는 한 개의 선물을 받을 것이다.

→ _____

영어식구조 누가 / 오더라도 / 이곳에 / 첫번째로, 그나 그녀는 / 받을 것이다 / 한 개의 선물을

(2) 누구를 네가 사랑한다 해도, 너는 그를 의지하지 마라. (목적격 whomever)

→ _____

영어식구조 누구를 / 네가 / 사랑한다 해도, 너는 / 의지하지 마라 / 그를

(3) 어떤 것이 너에게 많은 기쁨을 준다 해도, 너는 그것을 남용해서는 안된다.

→ _____

영어식구조 어떤 것이 / 준다 해도 / 너에게 / 많은 기쁨을, 너는 / 해서는 안된다 / 그것을 / 남용

(4) 어떤 것을 그 여자가 선택해도, 나는 그것을 그 여자에게 줄 것이다. (whichever이용)

→ _____

영어식구조 어떤 것을 / 그 여자가 / 선택해도, 나는 / 줄 것이다 / 그것을 / 그녀에게

**Step 2** 다음 문장을 영어식 구조를 생각한 후 영어로 써보세요.

* believe 믿다
* completely 완전히
* bring 가져오다
* pay 지불하다

(1) 누가 너를 사랑한다 해도, 너는 그를 완전히 믿어서는 안된다. (주격 whoever 이용)

→ _____

(2) 누구의 책을 네가 사도, 너는 그 책을 마지막 페이지까지 읽어야 한다. (소유격 whosever)

→ _____

(3) 어떤 것을 네가 나에게 가지고 와도, 나는 그것을 받지 않겠다.

→ _____

(4) 어떤 것을 Tom이 이 가게에서 선택해도, 나는 그것을 지불하겠다.

→ _____

다음 문장은 스토리 쓰기에 나오는 문장들입니다. 영어식 구조를 생각하며 문장을 만들어 본 후, 스토리 쓰기의 Step2를 해 보세요.

▶ 도서관에서 책을 빌리는 누구라도, 3일 이내에 책을 반납하여야 합니다.

→

> **영어식구조** 누구라도/빌리는/책을/도서관에서, 그 혹은 그녀는/반납하여야 합니다/책을/~이내에/3일

▶ 모든 사람들은 다른 사람들이 싫어하는 어떤 것도 도서관 안으로 가지고 와서는 안 됩니다.

→ _____

> **영어식구조** 모든 사람들은/가지고 와서는 안 됩니다/어떠한 것도/다른 사람들이 싫어하는/~안으로/도서관

시험 엿보기

— 양보절(clause)을 형성하는 whoever, whosever, whomever, whichever, wherever, whenever, however 등이 문장에 쓰일 때도 항상 주어 동사의 어순이 형성됩니다.

위의 단어들은 문장에서 접속사로 쓰이고 있습니다. 의문사로 쓰이는 것이 아니기 때문입니다.

□ Whichever you choose in this market, I will buy it for you.
어떤 것을 / 네가 / 선택해도 / 이 시장에서, 나는 / 살 것이다 / 그것을 / 위해 / 너를
→ whichever는 동사 choose의 목적어로 쓰였죠. 하지만 문장의 맨 앞에 있죠. 접속사 역할을 하려면 문장의 맨 앞에 위치해야 합니다.

□ Whomever you like, I will allow you to meet him.
누구를 / 네가 / 좋아해도, 나는 / 허락할 것이다 / 네가 / 만나도록 / 그와
→ whomever는 동사 like의 목적어로 쓰였죠. 하지만 문장의 맨 앞에 위치해 있죠. 접속사 역할을 하려면 문장의 맨 앞에 위치해야 합니다.

□ Wherever you go, I will follow you.
어디를 / 네가 / 가도, 나는 / 따라 가겠다 / 너를
→ wherever는 부사로 쓰였죠. 하지만 문장의 맨 앞에가 있죠. 접속사 역할을 하고 있기 때문입니다.

# Unit 31 부사절

## 주절아, 내가 도와줄게

> Where there is a will, there is a way.
> 뜻이 있는 곳에 길이 있다.
>
> "영어속담" 중에서

---

**영작문 필수 구조**

### 부사절의 기능과 위치

부사절은 종속절이라고 하며, 주절을 설명하여 주는 부사적인 기능을 합니다. 따라서 문장에서 생략을 하여도 문장은 성립됩니다.

> **부사절의 위치**
> **When he comes here tomorrow**, I will be happy.
> (부사절, 종속절)                          (주절)
> I will be happy, **when he comes here tomorrow**.
> (주절)                  (부사절)

▶ **시간과 관련된 접속사**

as, when, as soon as, while, after, until, till, since, before, after
부사절로 쓰일 경우 미래 시점을 현재의 시점으로 합니다.
– 예외적인 문법의 형태이므로 시험에 잘 나옵니다.

□ When she finishes the work, she will sleep.
  때 / 그녀가 / 끝마칠 / 그 일을, 그녀는 / 잠을 잘 것이다

---

**영작문 필수 예문**

• finish 끝마치다
• go on a picnic 소풍 가다

→ 이유와 관련 된 접속사 : because, as, since

□ She was happy **because she finished the work**.
  그녀는 / 행복하다 / 왜냐하면 / 그녀는 / 끝마쳐서 / 그 일을

→ 가정과 관련된 접속사 : if, as if

□ **If it is fine tomorrow**, we will go on a picnic.
  만약 / 날씨가 / 좋다면 / 내일, 우리는 / 갈 거야 / 소풍을

→ 양보절과 관련된 접속사 : though, even though, even if, although

□ **Though he is rich**, he is not happy.
  비록 / 그는 / 부자이지만, 그는 / 행복하지 않다

## 스토리 쓰기

다음 스토리를 읽고 영어로 써보세요. Step 1을 먼저 해 보신 후, 다음 페이지의 영작 연습과 스토리 쓰기 구조 분석을 해 본 후 Step 2를 해보세요. 늘어나는 영작문 실력을 금방 확인할 수 있습니다!

• owner 주인

• contents 목차

• copy 복사하다

• be disappointed with 실망하다

• keep 간직하다

▶ 아무리 가난해도, 너는 좋은 책을 사야 한다. 어디에 네가 있든, 너는 항상 책을 읽어야 한다. 누구의 책을 네가 빌려도, 너는 책의 소유자에게 되돌려 주어야 된다. 아무리 책의 내용이 좋아도, 너는 남의 책을 간직해서는 안된다. 책은 너에게 미래를 위한 많은 지식과 경험을 준다.

### Step 1 혼자서 써보기

---

---

---

---

---

---

---

➡ step 2는 다음 페이지의 '영작연습'과 '스토리 구조 분석'을 해본 후 다시 써 보세요. 또는 정답을 옮겨 써 보세요.

### Step 2 다시 한번 써보기

---

---

---

---

---

---

 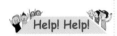

Help! Help!

• rise 오르다
• already 이미
• weather 날씨

**Step 1** 다음 문장을 영어식 구조를 참고하여 영어로 써보세요.

(1) 그가 일어났을 때, 태양이 이미 떠 있었다.

→ _____

**영어식 구조** ~때 / 그가 / 일어났을 때, 태양이 / 떠있었다 / 이미

(2) 그 여자가 그를 만났을 때, 그는 이미 결혼해 있었다.

→ _____

**영어식 구조** 때 / 그 여자가 / 만났다 / 그를, 그는 / 결혼해있었다 / 이미

(3) 그 여자가 서울로 떠나자마자, 그가 되돌아 왔다.

→ _____

**영어식 구조** ~하자마자 / 그 여자가 / 떠나자 / 서울로, 그가 / 되돌아 왔다

(4) 날씨가 나빠서, 그들은 집에 머물렀다.

→ _____

**영어식 구조** ~ 때문에 / 날씨가 / 나빠서, 그들은 / 머물렀다 / 집에

**Step 2** 다음 문장을 영어식 구조를 생각한 후 영어로 써보세요.

• grade 성적
• be disappointed 실망하다

(1) 그는 숙제를 끝마친 후에, 그는 밖으로 나갔다.

→ _____

(2) 그가 올 때까지 여기서 기다려라. (부사절 – 미래시제를 현재시제로)

→ _____

(3) 그는 그가 10살 때부터 이곳에서 살고 있다.

→ _____

(4) 시험에서 성적이 낮았기 때문에 그는 실망했다.

→ _____

다음 문장은 스토리 쓰기에 나오는 문장들입니다. 영어식 구조를 생각하며 문장을 만들어 본 후,
스토리 쓰기의 Step2를 해 보세요.

▶ 아무리 가난해도, 너는 좋은 책을 사야 한다.

→ _____

 아무리 / 네가 / 가난해도, 너는 / 사야한다 / 좋은 책을

▶ 아무리 책의 내용이 좋아도, 너는 남의 책을 간직해서는 안 된다.

→ _____

 아무리 / 책의 내용이 / 좋아도, 너는 / 간직해서는 안된다 / 남의 책을

 시험 엿보기

── 왜 다음의 시간과 관련된 접속사가 쓰일 때 미래 시점을 현재의 시점으로 하나요?
시간과 관련된 접속사: as, when, as soon as, while, after, until, till, since, before, after.

▫ When he comes here tomorrow, I will be happy.
그가 오면 / 여기에 / 내일, 나는 / 기쁠거야

▫ I will stay here until you finish the work.
나는 / 머무를 거야 / 여기에 / 네가 끝마칠 때까지 / 그 일을

▫ They will cry out as soon as she arrives here.
그들은 / 소리칠 것이다 / 그녀가 / 도착하자마자 / 여기에

→ 위 문장의 부사절은 모두 미래 시점을 나타내고 있지만, **미래에 반드시 동작이 행해진다는 설정을 두
고 하는 말입니다.** 그래서 미래 시점을 현재 실행하고 있는 동작으로 생각하여, 현재형 시점이나 현재
진행형 시점으로 나타냅니다.

## Essay Writing

주제 : 당신의 건강을 위한 건강한 음식

사람들이 먹는 음식은 사람들의 건강에 영향을 미친다. 어떤 종류의 음식은 사람들의 건강에 나쁘다. 기름기가 많이 있는 음식은 좋지 않다. 그리고 튀긴 음식은 많은 질병을 야기할 수 있다. 햄버거와 피자 같은 패스트푸드 음식도 역시 좋지 않다.

다음의 음식은 사람들의 건강에 좋다. 야채, 과일, 그리고 모든 곡식은 건강한 음식이다. 건강한 음식을 먹는 것은 당신의 몸을 건강하고 활동적이게 만든다. 그래서, 당신은 당신의 건강을 위해서 적절한 음식을 먹는 것을 고려하여야 한다.

---

어휘
- **influence** 영향을 미치다
- **fried food** 튀긴 음식
- **disease** 질병
- **such as** 예를 들면
- **vegetation** 야채
- **grain** 곡물
- **consider** 고려하다
- **suitable** 적절한

---

**Tips** ■ Essay 구성 원칙

Main idea(주제문) → Support(주제문 뒷받침) → Conclusion(결론)

첫 번째, 주제를 뒷받침해주는 main idea를 작성합니다.
두 번째, 이 주제문을 뒷받침하여 주는 문장을 2 ~ 3개 작성합니다.
마지막으로 주제문을 다시 강조해주는 문장을 만들어 주는 것이 essay의 기본 구조입니다.

＊

위 essay를 예를 들면, 건강을 위한 건강한 음식을 main idea로 정했습니다. 이를 뒷받침하여 주는 문장이 나와야겠지요. 첫 번째, 건강에 해로운 음식과 이의 결과에 대해서 제시를 하였습니다. 그리고 다음으로는 건강에 좋은 음식을 제시하고 이의 효과를 제시하였습니다. 따라서 좋은 음식 먹는 것을 고려하여야 함을 다시 강조하고 있습니다.

# Stopping By Woods On a Snowy Evening

Robert Frost

Whose woods these are I think I know.
His house is in the village, though;
He will not see me stopping here
To watch his woods fill up with snow.

My little horse must think it queer
To stop without a farmhouse near
Between the woods and frozen lake
The darkest evening of the year.

He gives his harness bells a shake
To ask if there is some mistake.
The only other souns's the sweep
Of easy wind and downy flake.

The woods are lovely, dark and deep,
But I have promises to keep,
And miles to go before I sleep,
And miles to go before I sleep.

# Part 9

가정법과 기타

## Unit 32

# 가정법의 세계 – 가정법현재, 미래
### 문법을 파괴하자

> If the teardrops ever start, I'll be there.
> 만약 당신이 눈물을 흘린다면, 나는 당신 곁으로 갈겁니다.
>
> 팝송 "Before the Next Teardrops Falls" 중에서

### ◀◀ 영작문 필수 구조

#### 가정법의 사용

현재 또는 과거의 사실과 다른 내용을 가정하여 '만약 ~이었다면' 이라고 할 때, 가정법을 사용합니다.

> **가정법 현재**
> 현재나 미래의 불확실한 일을 나타냅니다.
> 기본구조 : If + S + V (현재형 시점), S + will R. (현재형, 미래형 모두 가능)
>
> ☐ If he writes a letter to her, he will meet her.
>  → if 절에서 미래 시점을 현재 시점으로 씁니다.
>
> **가정법 미래**
> 미래에 일어날 수 없는 일을 나타낼 때 쓰입니다.
> 기본구조 : If + S + should (were to R), S + will R.

### ◀◀ 영작문 필수 예문

• contact 접촉하다

• leave 떠나다

• in time 제 시간에

☐ **If you have any problem**, I will contact you. (가정법 현재)
   만약 / 네가 / 가지고 있다면 / 어떤 문제를, 나는 / 접촉할 것이다 / 너를

☐ **If we don't leave now**, we won't get there in time. (가정법 현재)
   만약 / 우리가 / 떠나지 않으면 / 지금, 우리는 / 도착 할 수 없다 / 그 곳에 / 제시간에

☐ **If you should solve the problem**, you will receive the book. (가정법 미래)
   만약 / 네가 / 푼다면 / 그 문제를, 너는 / 받을 것인데 / 그 책을

☐ **If you were to love me**, I will be happy.
   만약 / 네가 / 사랑한다면 / 나를, 나는 / 행복할 텐데

다음 스토리를 읽고 영어로 써보세요. Step 1을 먼저 해 보신 후, 다음 페이지의 영작 연습과 스토리 쓰기 구조 분석을 해 본 후 Step 2를 해보세요. 늘어나는 영작문 실력을 금방 확인할 수 있습니다!

• captain  주장

• order  명령하다

▶ 그 공원의 잔디 위에서 축구를 하는 사람들은 나의 친구들이다. 그들은 아침 5시에 공원의 문에 도착한다. 첫번째로 공원의 문에 도착한 사람이 그날의 주장이 된다. 팀의 주장으로서, 그는 다른 팀 멤버들을 축구를 하거나 다른 일을 하도록 통제하고 지시를 한다. 만약 네가 그날의 주장이 되기를 원한다면, 너는 첫번째로 공원의 문에 도착을 하여야 한다.

### Step 1 혼자서 써보기

----

----

----

----

----

----

----

→ step 2는 다음 페이지의 '영작연습'과 '스토리 구조 분석'을 해본 후 다시 써 보세요. 또는 정답을 옮겨 써 보세요.

### Step 2 다시 한번 써보기

----

----

----

----

----

----

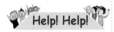 Help! Help!

- be hired 고용되다
- company 회사
- honest 정직한
- hire 고용하다

**Step 1** 다음 문장을 영어식 구조를 참고하여 영어로 써보세요.

(1) 만약 그가 내일 그녀를 만난다면, 그는 그 문제를 토론할 거야. (가정법 현재)

→ _____

> **영어식 구조** 만약 / 그가 / 만난다면 / 그녀를 / 내일, 그는 / 토론 할 거야 / 그 문제를

(2) 만약 Tom이 2시까지 여기에 오면, 그는 20 dollars를 받을 거야.

→ _____

> **영어식 구조** 만약 / Tom이 / 오면 / 여기에 / 2시까지, 그는 / 받을 거야 / 20 dollars

(3) 만약 그녀가 내일까지 이 일을 끝마친다면, 그녀는 고용될 것이다.

→ _____

> **영어식 구조** 만약 / 그녀가 / 끝마친다면 / 이 일을 / 내일까지, 그녀는 / 고용될 것이다

(4) 만약 그가 정직하면, 나는 그를 고용할 것이다. (가정법 현재)

→ _____

> **영어식 구조** 만약 / 그가 / 정직하면, 나는 / 고용할 것이다 / 그를

**Step 2** 다음 문장을 영어식 구조를 생각한 후 영어로 써보세요.

- solve 풀다
- receive 받다
- be surprised at 놀라지다

(1) 만약 Tom이 내일 그 숙녀를 만나면, 그는 행복할 텐데. (가정법 현재)

→ _____

(2) 만약 Tom이 그 책을 읽는다면, 그는 그 이론을 이해할텐데. (가정법 과거)

→ _____

(3) 만약 Jason이 그 문제를 풀면, 그는 책을 한권 받을 텐데. (가정법 과거)

→ _____

(4) 만약 Jason이 그 소식을 듣는다면, 그는 놀랄 텐데. (가정법 과거)

→ _____

다음 문장은 스토리 쓰기에 나오는 문장들입니다. 영어식 구조를 생각하며 문장을 만들어 본 후,
스토리 쓰기의 Step2를 해 보세요.

▶ 그 공원의 잔디 위에서 아침마다 축구를 하는 사람들은 나의 친구들이다

→ _____

**영어식 구조** 사람들은 / 축구를 하는 / 잔디 위에서 / 그 공원에서 / 아침마다 / ~이다 / 나의 친구들

▶ 첫번째로 공원의 문에 도착한 사람이 그날의 주장이 된다.

→ _____

**영어식 구조** 사람이 / 도착한 / 첫번째로 / 공원의 문에 / 된다 / 주장이 / 그날의

 시험 엿보기

— 가정법 현재시점에서는 미래 시점을 왜 현재시점으로 사용하나요?

가정법 현재 시점은 가정법 과거나 과거완료처럼 사실과 반대되는 개념이 아닙니다. 단지 현재의
소망을 나타낼 뿐이죠. 현재 말하고 있는 상태가 계속 진행이 되기를 바라는 의미에서 현재시점을
사용합니다.

▢ If Chris comes here, he will give the books to her.
만약 Chris가 오면 / 여기에, 그는 / 줄 것이다 / 그 책을 / 그녀에게

▢ If I know Mary's address, I will send her a letter.
만약 / 내가 / 알면 / Mary의 주소를, 나는 / 보낼 것인데 / 편지를

▢ If Jane saves much money, she will buy a car.
만약 / Jane이 / 모으면 / 많은 돈을, 그녀는 / 살 것인데 / 차를

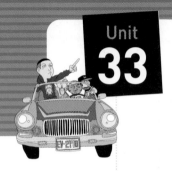

# 33

# 가정법의 세계 – 가정법 과거, 과거완료, as if
## 문법을 계속 파괴하자

> Would you hold my hand if I saw you in heaven?
> 손 좀 잡아 줄래요? 만약 네가 당신을 보게 되면 천국에서.
>
> 팝송 "Tears in Heaven" 중에서

## 영작문 필수 구조

### 가정법 과거, 과거완료

현재사실을 반대로 가정하거나, 실현 가능성이 거의 없는 미래의 일을 가정 할 때 쓰인 표현입니다.

> **가정법 과거**
> If + S + past(과거동사), S + would(should, could, might) R.
> – be 동사는 무조건 were를 씁니다.
>
> **가정법 과거완료**
> 과거의 사실을 반대로 가정해서 표현 할 때 쓰입니다.
> If S had PP, S would(should, could, might) have pp.

## 영작문 필수 예문

- any 어떤
- question 질문
- successful 성공적인

□ **If he wrote a letter to her**, he would meet her.
만약 / 그가 / 쓴다면 / 편지를 / 그녀에게, 그는 / 만날 수 있는데 / 그녀를

□ **If you had any question**, you could come to me.
만약 / 네가 / 질문이 있다면, 너는 / 올 수 있는데 / 나에게

□ **If you wanted to be successful**, you would work hard.
만약 / 네가 / 원한다면 / 성공하기를, 너는 / 일해야 한다 / 열심히

□ **If he had written a letter to her**, he would have met her.
만약 / 그가 / 썼다면 / 편지를 / 그녀에게, 그는 / 만날 수 있었는데 / 그 여자를

□ **If you had had any question yesterday**, you could have called me.
만약 / 네가 / 질문이 있었다면 / 어제, 너는 / 전화 할 수 있었는데 / 나에게

□ **If he had wanted to be successful**, he would have worked hard.
만약 / 그가 / 원했다면 / 성공하기를, 그는 / 열심히 일을 했어야 했는데

다음 스토리를 읽고 영어로 써보세요. Step 1을 먼저 해 보신 후, 다음 페이지의 영작 연습과 스토리 쓰기 구조 분석을 해 본 후 Step 2를 해보세요. 늘어나는 영작문 실력을 금방 확인할 수 있습니다!

• produce 생산하다
• products 제품
• make money 돈을 벌다
• realize 깨닫다

▶ 만약 그때 그 정보를 그녀로부터 내가 얻었다면, 나의 회사가 더 잘 제품을 개발했을 것인데. 그녀는 그 정보를 나의 친구에게 주었다. 나의 친구는 그녀가 준 그 정보를 제품개발에 사용했다. 그의 회사는 많은 제품을 생산해서, 많은 돈을 벌었다. 만약 내가 그 정보를 얻었다면, 나는 좋은 제품들을 개발했을 텐데. 지금 나의 회사는 최고의 제품을 만들려고 노력을 하고 있다. 그러나 새로운 제품을 개발하기는 쉽지는 않다. 나는 많은 정보를 이용하고 얻는 것이 제품생산에 도움이 된다는 것을 깨달았다.

**Step 1 혼자서 써보기**

------------------------------------

------------------------------------

------------------------------------

------------------------------------

------------------------------------

------------------------------------

→ step 2는 다음 페이지의 '영작연습'과 '스토리 구조 분석'을 해본 후 다시 써 보세요. 또는 정답을 옮겨 써 보세요

**Step 2 다시 한번 써보기**

------------------------------------

------------------------------------

------------------------------------

------------------------------------

------------------------------------

------------------------------------

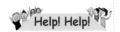
Help! Help!

• solve  풀다
• problem  문제

**Step 1** 다음 문장을 영어식 구조를 참고하여 영어로 써보세요. (가정법 과거)

(1) 만약 그 여자가 그 문제를 혼자서 푼다면 , 그녀는 더 영리할 텐데.

→ _____

> 영어식
> 구조  만약 / 그녀가 / 푼다면 / 그 문제를 / 혼자서, 그녀는 / 더 영리할 텐데

(2) 만약 그 여자가 여기에 온다면, 그녀는 그 사람을 만날 텐데.

→ _____

> 영어식
> 구조  만약 / 그 여자가 / 온다면 / 여기에, 그녀는 / 만날 텐데 / 그 사람을

(3) 만약 내가 10 dollars를 가지고 있다면 , 난 가방 하나를 살 수 있을 텐데.

→ _____

> 영어식
> 구조  만약 / 내가 / 가지고 있다면 / 10 dollars를, / 나는 / 살 수 있을 텐데 / 가방 하나를

(4) 만약 Suji가 여기에 온다면 , 그녀는 그 사람을 만날 텐데.

→ _____

> 영어식
> 구조  만약 / Suji가 / 온다면 / 여기에, 그녀는 / 만날 텐데 / 그 사람을


**Step 2** 다음 문장을 영어식 구조를 생각한 후 영어로 써보세요.

• for oneself  혼자 힘으로
• clever  영리한

(1) 만약 그 여자가 그 문제를 혼자서 풀었다면, 그녀는 더 영리했을 텐데.

→ _____

(2) 만약 그 여자가 여기에 왔었다면, 그녀는 그 사람을 만났었을 텐데.

→ _____

(3) 만약 내가 10 dollars를 가지고 있었다면, 난 가방 하나를 살 수 있었을 텐데.

→ _____

(4) 만약 Suji가 그 소식을 알았었다면 , 그녀는 그곳에 가지 않았을 텐데.

→ _____

다음 문장은 스토리 쓰기에 나오는 문장들입니다. 영어식 구조를 생각하며 문장을 만들어 본 후,
스토리 쓰기의 Step2를 해 보세요.

▶ 지금 나의 회사는 최고의 제품을 만들려고 노력하고 있다.

→ _____

 지금 나의 회사는 / 노력하고 있다 / 만들려고 / 최고의 제품을

▶ 나는 많은 정보를 이용하고 얻는 것이 제품생산에도 도움이 된다는 것을 깨달았다.

→ _____

 나는/깨달았다/이용하고/얻는 것이/많은 정보를/도움이 된다는 것을/생산하는데/제품을

시험 엿보기

━ 접속사 as if 다음은 가정법 시제가 옵니다.

단지 접속사 if 앞에 as가 있을 뿐입니다. 우리말로는 마치 ~처럼 이라는 뜻이지요.

▫ He acts as if he were a foreigner.

그는 / 행동한다 / 마치 / 그가 / 외국인처럼

▫ He acted as if he had been a foreigner.

그는 / 행동했다 / 마치 / 그가 / 외국인이었던 것처럼

▫ He speaks as if he were a foreigner.

그는 / 말한다 / 마치 / 그가 / 외국인인 것처럼

▫ He spoke as if he had been a foreigner.

그는 / 말했다 / 마치 / 그가 / 외국인이었던 것처럼

# Unit 34 관계부사

### 사실은 형용사 역할을 해요

> This country is our homeland where every race should be with happiness.
> 이 나라는 모든 인종이 행복해야 되는 곳입니다.
>
> "킹 목사의 연설" 중에서

## 영작문 필수 구조

### 관계부사 역할

두 문장을 하나의 문장으로 연결을 시키면서(접속사 역할), 앞에 위치한 명사를 수식하여 줍니다. 기능은 형용사의 역할을 한다. 아래의 4가지 형태가 있습니다. 그러나 시간, 방법, 이유, 장소와 같은 단어들과 결합 하므로 관계부사라 합니다.

> **관계부사와 그 선행사**
> □ 시간 : when      the time, the day, the year
> □ 장소 : where     the place, the city, the town
> □ 이유 : why       the reason
> □ 방법 : how       the way

## 영작문 필수 예문

- be married to ~와 결혼하다
- get on 타다
- crowded bus 만원버스

→ 장소 – where (place)

□ This is the city. + He was born in this city.
= This is the city in the city he was born. ( × )
→ 두 문장을 연결하는 접속사가 없습니다. 따라서 문법적으로는 틀린 문장 입니다.
= This is the city **where he was born**. ( ○ )
이곳이 / 이다 / 그 도시 / 그가 / 태어 난

→ 이유 – the reason (why)

□ The reason **why the lady was married to the man** was very interesting.
그 이유는 / 그 숙녀가 / 결혼한 / 그 남자에게 / ~이었다 / 매우 / 재미있는 것

→ 시간 – the time (when)

□ Tell me the time **when she will arrive here**.
말해봐 / 그 시간을 / 언제 / 그녀가 / 도착하는지 / 여기에

→ 방법 – how

□ Tell me **how he got on the crowded bus**.
말해주시오 / 어떻게 / 그가 / 탔는지 / 만원버스를

## 스토리 쓰기

다음 스토리를 읽고 영어로 써보세요. Step 1을 먼저 해 보신 후, 다음 페이지의 영작 연습과 스토리 쓰기 구조 분석을 해 본 후 Step 2를 해보세요. 늘어나는 영작문 실력을 금방 확인할 수 있습니다!

• after school 학교가 끝난 후

• space 우주

• astronomer 천문학자

• good relationship 좋은 관계

▶ David이 Sophie를 만났던 그 장소는 그 도서관이었다. 학교가 끝난 후 그는 우주에 관한 많은 책을 읽었다. 그의 장래 꿈은 천문학자가 되는 것이었다. Sophie가 David 을 처음으로 만났던 방법은 재미있었다. Sophie가 그녀의 가방을 잃어버렸을 때, David이 그것을 우연히 발견했다. 그는 그녀의 전화번호를 발견했고 그녀에게 전화를 했다. 그들은 좋은 관계를 2년 동안 유지하고 있다.

### Step 1 혼자서 써보기

```



```

→ step 2는 다음 페이지의 '영작연습'과 '스토리 구조 분석'을 해본 후 다시 써보세요. 또는 정답을 옮겨 써 보세요.

### Step 2 다시 한번 써보기

```



```

Help! Help!

• plant 심다
• crowded bus 만원버스
• get on 타다

**Step 1** 다음 문장을 영어식 구조를 참고하여 영어로 써보세요.

(1) 이곳이 그가 나무들을 심었던 그 산이다.

→ _____

영어식구조  이곳이 / 이다 / 그 산 / 그가 / 심었던 / 나무들을

(2) 어떻게 네가 만원버스를 탔는지 나에게 말해주시오.

→ _____

영어식구조  말해주시오 / 나에게 / 어떻게 / 네가 / 탔는지 / 만원버스를

(3) 나는 그가 왜 그 게임을 졌는지 그 이유를 알고 싶다.

→ _____

영어식구조  나는 / 알고 싶다 / 그 이유를 / 왜 / 그가 / 졌는지 / 그 게임을

(4) 나는 너를 처음으로 만났던 그날을 잊을 수 없다.

→ _____

영어식구조  나는 / 잊을 수 없다 / 그날을 / 내가 / 처음으로 / 만났던 / 너를

**Step 2** 다음 문장을 영어식 구조를 생각한 후 영어로 써보세요.

(1) 이곳이 그 여자가 태어났던 그 병원이다.

→ _____

(2) 그가 만원버스를 탔던 그 방법은 매우 위험했다.

→ _____

(3) 나는 Tom이 어떻게 그 산에 오르는지 알고 있다.

→ _____

(4) 어제 네가 학교에 도착한 시간을 나에게 말하라.

→ _____

다음 문장은 스토리 쓰기에 나오는 문장들입니다. 영어식 구조를 생각하며 문장을 만들어 본 후,
스토리 쓰기의 Step2를 해 보세요.

▶ David이 Sophie를 만났던 그 장소는 그 도서관이었다.

→ _____

 그 장소 / David이 / 만났던 / Sophie를 / 이었다 / 그 도서관

▶ Sophie가 David을 처음으로 만났던 방법은 재미있었다.

→ _____

 그 방법은 / Sophie가 / 만났던 / David을 / 처음으로 / ~이었다 / 재미있는

## 시험 엿보기

— 왜 관계부사 how는 the way와 같이 쓸 수 없나요?

the place where, the time when, the reason why는 선행사와 관계부사의 의미가 항상 일치합니
다. 그러나 the way는 여러 가지 뜻으로 쓰입니다. 따라서 방법을 나타내는 how와 의미가 맞을 때
도 있고 맞지 않을 때도 있습니다. 그래서 쓰지 않습니다.

□ My mother is **on the way to church**.
어머니는 / 입니다 / 가는 길 / 교회에 (길)

□ Show me the way to solve it.
보여 주세요 / 나에게 / 그 방법을 / 해결하는 / 그 문제를 (방법)

□ I was ignored when I was young, because **the way of my life** was different.
나는 / 무시 되어졌다 / 어렸을 때, 왜냐하면 / 나의 삶의 태도가 / 달라서 (태도)

→ 이처럼 the way가 방법의 의미가 아닌 경우 일 때는 how의 선행사로 the way를 쓰면 맞지 않습니다.

# 원급, 비교, 최상급의 확장
누가 누가 잘 하나?

> I see babies cry, I watch them grow. They'll learn much more than I'll ever know.
> 아기가 우는 것을 듣고, 그들이 자라는 것을 봅니다. 내가 알고 있는 것 보다 많이 배우며 자라겠지요.
> 팝송 "What a Wonderful World" 중에서

## 영작문 필수 구조

### 원급, 비교, 최상급의 의미

원급은 원래 형태 즉 원형을 말합니다. 비교급은 원형과 비교하는 단어로서 다른것 보다 더 ~ 하다는 뜻을 나타냅니다. 최상급은 원형이나 비교급보다 제일(가장) ~ 하다는 뜻입니다.

---

**비교급과 최상급**

▶ 동등비교란?
비교되는 사람이나 사물이 서로 동등한 행동을 나타낼 경우에 사용되는 표현입니다. 두 개의 문장을 하나의 문장으로 만들 수 있습니다. 부사 앞과 뒤에 as를 씁니다.

▶ 비교급이란?
두 개의 비교대상에서 한쪽이 더 우월하거나 열등 할 때 쓰입니다. 두 개의 문장을 한 개의 문장으로 만들 수 있습니다.

▶ 최상급이란?
부사 다음에 ~est를 첨가합니다. 또는 many, much의 최상급인 most를 사용합니다. 셋 이상의 비교에서 가장 최상의 것을 나타낼 때 쓰입니다.

---

## 영작문 필수 예문

• arrive 도착하다
• late 늦은

→ 동등비교

☐ She runs fast. He runs fast.
= She runs **as fast as** he. 그녀는 / 달린다 / 빠르게 / 그만큼

☐ She arrived there late. He arrived there late.
= She arrived there **as late as** he. 그녀는 / 도착했다 / 그 곳에 / 늦게 / 그 만큼

→ 비교급

☐ She runs faster than he. 그녀가 / 달린다 / 더 빠르게 / 그보다

☐ She arrived there **later than** he. 그녀는 / 도착했다 / 그 곳에 / 늦게 / 그 보다

→ 최상급

☐ She runs fastest in her class. 그 여자가 / 달린다 / 가장 빠르게 / 그녀의 반에서

☐ She arrived there **latest** among them.
그 여자가 / 도착했다 / 그곳에 / 가장 늦게 / 그들 중에서

## 스토리 쓰기

다음 스토리를 읽고 영어로 써보세요. Step 1을 먼저 해 보신 후, 다음 페이지의 영작 연습과 스토리 쓰기 구조 분석을 해 본 후 Step 2를 해보세요. 늘어나는 영작문 실력을 금방 확인할 수 있습니다!

• climate 기후

• be influenced 영향을 받다

• location 위치

• sunlight 햇빛

• equator 적도

• pole 극(남극, 북극)

▶ 세계의 모든 곳은 자신의 독특한 기후를 가지고 있다. 기후는 지구상의 위치에 의해서 가장 영향을 받는다. 태양빛은 기후에 영향을 미치는 가장 중요한 것이다. 태양빛은 적도에서 직접적으로 지구를 내리 쬔다. 그래서 극 근처의 장소보다 적도 근처의 장소가 훨씬 더 뜨겁다.

### Step 1 혼자서 써보기

---

---

---

---

---

---

➡ step 2는 다음 페이지의 '영작연습'과 '스토리 구조 분석'을 해본 후 다시 써 보세요. 또는 정답을 옮겨 써 보세요

### Step 2 다시 한번 써보기

---

---

---

---

---

---

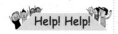

* solve 풀다
* quickly 빨리

**Step 1** 다음 문장을 영어식 구조를 참고하여 영어로 써보세요.

(1) Tom은 Lisa만큼 그 문제를 빠르게 풀었다. (as ~ as를 사용)

→ _____

> 영어식구조 Tom은 / 풀었다 / 그 문제를 / 빠르게 / Lisa 만큼

(2) Tom은 Lisa만큼 열심히 운동한다. (as ~ as를 사용)

→ _____

> 영어식구조 Tom은 / 운동 한다 / 열심히 / Lisa 만큼

(3) Tom은 Lisa보다 더 빠르게 그 문제를 풀었다. (more ~ than을 사용)

→ _____

> 영어식구조 Tom은 / 풀었다 / 그 문제를 / 더 빠르게 / Lisa보다

(4) Tom은 그 문제를 그의 반에서 가장 빠르게 풀었다. (most 사용)

→ _____

> 영어식구조 Tom은 / 풀었다 / 그 문제를 / 가장 빠르게 / 그의 반에서

**Step 2** 다음 문장을 영어식 구조를 생각한 후 영어로 써보세요.

* slowly 느리게
* correctly 정확하게

(1) Tom은 Jenny만큼 느리게 걷는다.

→ _____

(2) Tom은 Jenny보다 더 느리게 걷는다.

→ _____

(3) Tom은 그의 반에서 가장 느리게 걷는다.

→ _____

(4) Tom은 그의 반에서 영어를 가장 정확하게 말한다.

→ _____

## 스토리 쓰기 구조 분석

다음 문장은 스토리 쓰기에 나오는 문장들입니다. 영어식 구조를 생각하며 문장을 만들어 본 후,
스토리 쓰기의 Step2를 해 보세요.

▶ 기후는 지구상의 위치에 의해서 가장 영향을 받는다.

→ _____

> **영어식 구조** 기후는 / 영향을 받는다 / 가장 / ~에 의해서 / 위치 / 지구상의

▶ 그래서 극 근처의 장소보다 적도 근처의 장소가 훨씬 더 뜨겁다.

→ _____

> **영어식 구조** 그래서 / 장소가 / 적도 근처의 / 훨씬 더 뜨겁다 / ~보다 / 장소 / 극 근처의

## 시험 엿보기

― 빈도부사: 주어가 동작하는 회수를 나타내는 부사입니다.

＊ 빈도부사의 위치는 부사 not의 위치와 같습니다. 부사는 원래 동사의 뒤에서 동사를 묘사하여
주는 것이 원칙이나, 부정어 빈도 부사인 경우는 동사의 앞에서 동사를 설명합니다. 그 이유는 문장
에서 부사는 중요한 것이 아니므로 사람들이 글을 읽거나 말 할 때 쉽게 무시해 버리는 경향이 있습
니다. **그러나 부정어 부사인 경우에 무시를 하면 부정이 아닌 긍정으로 인식이 되므로, 이런 혼란
을 막기 위하여 동사의 앞에서 동사를 수식하여 줍니다.**

― 다음은 많이 쓰여지고 있는 빈도부사입니다.

hardly, scarcely, rarely, seldom – 좀처럼 ~하지 않다 (부사)
scarce, rare, seldom – 드문 (형용사)

□ He seldom comes here.
　그는 / 좀처럼 오지 않는다 / 여기에
□ She hardly reads books.
　그녀는 / 좀처럼 읽지 않는다 / 책을
□ She rarely goes to bed early.
　그녀는 / 좀처럼 자지 않는다 / 일찍
□ It is a rare book.
　이것은 / 이다 / 흔하지 않은 책

주제 : 웃음의 효과

웃음은 사람들의 건강에 중요한 역할을 한다. 예를 들면, 웃음은 사람들의 치료에 좋은 약처럼 영향을 미친다. 자주 웃는 환자들은 빨리 낫는다. 많은 의사들은 웃음을 치료의 일종으로 사용한다. 그들은 환자들이 재미있는 영화를 보거나 농담을 말하도록 격려한다. 어떤 병원에서는 의사들은 광대처럼 옷을 입는다. 그들은 어린이들이 웃도록 시도한다. 웃음은 또한 사람들의 심장을 더 강하게 만든다. 그러므로 당신의 건강을 위해서 매일 웃으라.

| 어휘 | |
|---|---|
| • laughter 웃음 | • clown 광대 |
| • affect 영향을 미치다 | • try 시도하다 |
| • condition 상태 | • recover 낫다, 회복하다 |
| • patient 환자 | • like ~처럼 |
| • joke 농담 | |

### Tips ■ Essay 구성 원칙

Main idea(주제문) → Support(주제문 뒷받침) → Conclusion(결론)

첫 번째, 주제를 뒷받침해주는 main idea를 작성 합니다.
두 번째, 이 주제문을 뒷받침하여 주는 문장을 2 ~ 3개 작성 합니다.
마지막으로 주제문을 다시 강조해주는 문장을 만들어 주는 것이 essay의 기본 구조 입니다.

＊

위 문장을 예를 들면, 주제문으로 웃음은 약 같은 치료제라고 했습니다. 이를 뒷받침하여 주는 문장이 나와야겠지요. 따라서 웃는 환자가 더 빨리 낫는다는 예를 들었습니다. 그리고 웃음이 건강에 좋다는 것을 다시 강조를 했습니다.

# Love's Secret

William Blake

Never seek to tell thy love,

Love that never told can be;

For the gentle wind doth move

Silently, invisibly.

I told my love, I told my love,

I told her all my heart,

Trembling, cold, in ghastly fears.

Ah! she did depart!

Soon after she was gone from me,

A traveller came by,

Silently, invisibly:

He took her with a sigh.

# Part 10 다양한 주어의 이해

# 36

# 문장 구성요소

## 동사도 변형하면 주어가 된다

My drawing was not a picture of a hat.
내가 그린 것은 모자를 그린 것이 아니었어요.

소설 "어린왕자" 중에서

## 영작문 필수 구조

### 문장 구성요소와 다양한 주어

영어 문법에서 중요한 것은 각각의 단어, 구(phrase), 절(clause) 등이 문장에서 어떤 역할을 하는지 인식하는 것입니다. 이런 단어, 구(phrase), 절(clause) 등이 문장에서 그들의 역할을 제대로 할 수 있도록 만들어 주는 것이 문법의 역할입니다.

> **문형구조**
> 1 문형 구조 – S + V.
> 2 문형 구조 – S + V + C {A(형용사) or N(명사류)}.
> 3 문형 구조 – S + V + O (명사류, 대명사).
> 4 문형 구조 – S + V + Whom (사람) + What (사물).
> 5 문형 구조 – S + V + O + O.C. (목적격보어– 명사류, 형용사류).
> S - subject (주어)　　　　　　　C - complement (보어)
> V - verb (동사)　　　　　　　　N - noun (명사)
> A - adjective (형용사)　　　　　O - object (목적어)

▶ **문장에서 주어로 사용할 수 있는 요소들**
명사, 대명사 – 사전에 나와 있는 명사 대명사
동사를 변형하여 만든 명사 – to부정사구(phrase), 동명사구(phrase), 절(접속사 + 주어 + 동사)등이 있습니다.

▶ **문장에서 목적어로 사용 할 수 있는 요소들**
명사, 대명사 – 사전에 나와 있는 명사 대명사
동사를 변형하여 만든 명사 – to부정사구(phrase), 동명사구(phrase), 절(접속사 + 주어 + 동사)등이 있습니다.

## 영작문 필수 예문

• difference 차이점
• between ~사이에
• look ~ 보이다

☐ There is a big difference between English and Korean.
있다 / 큰 차이점이 / 사이에 / 영어와 한국어

☐ Juliet looks happy. Juliet은 / 보인다 / 행복하게

☐ Juliet likes reading many books. Juliet은 / 좋아한다 / 읽기를 / 많은 책을

☐ Juliet gave Tom a book. Juliet은 / 주었다 / Tom에게 / 한권의 책을

☐ Juliet asked Tom to read books. Juliet은 / 요청했다 / Tom에게 / 읽으라고 / 책을

다음 스토리를 읽고 영어로 써보세요. Step 1을 먼저 해 보신 후, 다음 페이지의 영작 연습과 스토리 쓰기 구조 분석을 해 본 후 Step 2를 해보세요. 늘어나는 영작문 실력을 금방 확인할 수 있습니다!

• allowance  용돈

• decide  결심하다

• save  저금하다

▶ 나는 Suji를 위해 새 드레스를 사고 싶었다. 나는 돈을 많이 가지고 있지 않아서, 내 용돈을 저금하기로 결심했다. 처음에는 돈을 저금하는 것은 약간 어려웠다. 그러나 나는 일 년 동안 나의 용돈을 저금했다. 내일은 그녀에게 새 드레스를 사 줄 것이다. 새 드레스는 Suji를 미소 짓게 할 것이다.

### Step 1 혼자서 써보기

--------------------------------------------

--------------------------------------------

--------------------------------------------

--------------------------------------------

--------------------------------------------

--------------------------------------------

➜ step 2는 다음 페이지의 '영작연습'과 '스토리 구조 분석'을 해본 후 다시 써 보세요. 또는 정답을 옮겨 써 보세요.

### Step 2 다시 한번 써보기

--------------------------------------------

--------------------------------------------

--------------------------------------------

--------------------------------------------

--------------------------------------------

Help! Help!

• arrive 도착하다
• tired 피곤한
• street 거리

**Step 1** 다음 문장을 영어식 구조를 참고하여 영어로 써보세요.

(1) David은 여기에 내일 도착할 것이다. (미래시점을 현재시점으로 사용)

→ _____

영어식
구조  David은 / 도착할 것이다 / 여기에 / 내일

(2) David은 일을 끝낸 후 피곤해졌다. (2문형 구조)

→ _____

영어식
구조  David은 / 피곤해졌다 / ~후 / 끝낸 / 일을

(3) Jason은 David에게 20 dollars를 저금하라고 요청했다. (5문형 구조)

→ _____

영어식
구조  Jason은 / 요청했다 / David에게 / 저금하라고 / 20 dollars를

(4) Tom은 Jason이 거리에서 달리는 것을 보았다. (saw 지각동사)

→ _____

영어식
구조  Tom은 / 보았다 / Jason이 / 달리는 것을 / 거리에서

**Step 2** 다음 문장을 영어식 구조를 생각한 후 영어로 써보세요.

• postpone 연기하다
• kite 연
• had 시키다
• accident 사건
• happen 발생하다

(1) David은 Jason을 만날 것을 연기했다.

→ _____

(2) David은 Jason에게 20 dollars를 주었다.

→ _____

(3) Tom은 그 연이 David에 의해 만들어지도록 시켰다.

→ _____

(4) 그 사건은 어제 발생했다.

→ _____

다음 문장은 스토리 쓰기에 나오는 문장들입니다. 영어식 구조를 생각하며 문장을 만들어 본 후,
스토리 쓰기의 Step 2를 해 보세요.

▶ 나는 내 용돈을 저금하기로 결심했다.

→ _____

> 영어식 구조   나는 / 결심했다 / 저금하기로 / 내 용돈을

▶ 처음에는 돈을 저금하는 것은 약간 어려웠다.

→ _____

> 영어식 구조   저금하는 것 / 돈을 / ~였다 / 약간 어려움 / 처음에는

▶ 새 드레스는 Suji를 미소짓게 할 것이다.

→ _____

> 영어식 구조   새 드레스는 / 만들 것이다 / Suji를 / 미소짓게

시험 엿보기

── 왜 수동태(passive voice) 문장구조에서 전치사 by 대신 전치사 at, with, in 등을 쓸까요?

대부분 사람의 감정적인 동사와 연결이 되어 있습니다. 움직이는 동사가 아닌 사람의 감정적인 상
태를 나타내는 단어가 많습니다. 따라서 사람의 상태나 감정을 더 잘 묘사하기 위하여 by가 아닌
다른 전치사를 씁니다.

□ be pleased with  즐거워지다,  be satisfied with  만족되어지다
□ be surprised at  놀라지다,  be frightened at  두려워지다
□ be interested in  관심 있는,  be disappointed with  실망된

□ He was pleased with her gift.
  그는 / 즐거워졌다 / 그녀의 선물에
□ He is interested in the interesting game.
  그는 / 관심이 있다 / 그 재미있는 / 게임에
□ He was disappointed with the disappointing news.
  그는 / 실망해졌다 / 그 실망스런 소식에

# 다양한 주어의 형태
## 명사의 역할을 만들어 주세요

> The only way you're gonna survive is to do what you think is right.
> 스스로가 옳다고 믿는 일을 하는 것이 삶을 살아가는 유일한 방법이다.
>
> 팝송 "The Fever of Hot Saturday Night" 중에서

## ▤ 영작문 필수 구조

### 문장 구조에서의 주어의 중요성

영어는 다양한 형태의 주어가 있습니다. 주어가 짧은 경우도 있고 주어가 긴 경우도 있습니다. 영어 문장의 경우, 문장의 구조를 파악하는데 있어서 어떤 것이 주어이고 어떤 것이 동사인지를 아는 것은 매우 중요합니다. 그래야 글의 주체를 알 수 있기 때문입니다.

**주어가 짧은 경우**
- He invited me. 대명사인 He가 문장의 주어입니다.
- Tom wants to go to the party. 명사 Tom이 문장의 주어입니다.

**주어가 긴 경우**
to부정사구(phrase), 분사구(phrase), 동명사구(phrase), 관계대명사절(clause)등이 올 경우입니다. 주어인 명사를 설명하거나 수식 하여 주는 구문이나 절이 올 경우입니다.
- The man swimming in this pool will visit the lady. – 주어는 The man.
  swimming in this pool 구문이 The man을 수식하여 주면서 주어 부분이 길어집니다.
- The car broken by the accident was good. – 주어는 car
  broken by the accident 구문이 the car를 수식하여 주면서 주어 부분이 길어집니다.

## ▤ 영작문 필수 예문

- attend 참여하다
- interesting 재미있는
- broken 부서진
- accident 사고

- **The man swimming in this river** will attend the meeting.
  그 사람 / 수영하고 있는 / 이 강에서 / 참여할 것이다 / 그 미팅에

- **The man who is swimming in this river** will attend the meeting.
  그 사람은 / 수영하고 있는 / 이 강에서 / 참여할 것이다 / 그 미팅에

- **Swimming in this river** is interesting
  수영하는 것은 / 이 강에서 / 재미있다

- The car **broken by the accident** was very good.
  그 차는 / 부서진 / 의해서 / 그 사고에 / 매우 / 좋았다

- The car **which was broken by the accident** was very good.
  그 차는 / 부서진 / 의해서 / 그 사고에 / 매우 / 좋았다

다음 스토리를 읽고 영어로 써보세요. Step 1을 먼저 해 보신 후, 다음 페이지의 영작 연습과 스토리 쓰기 구조 분석을 해 본 후 Step 2를 해보세요. 늘어나는 영작문 실력을 금방 확인할 수 있습니다!

• calm 차분한

• solve 해결하다

• classical music 고 전음악

• useful 유용한

▶ 나는 음악을 들을 때 차분해진다. 내가 문제를 가질 때, 나는 그것들을 해결하기 위해 서 음악을 듣는다. 고전음악이 나에게는 더 유용하다. 그러나 때때로 나는 흥겨운 팝송 을 듣는다.

### Step 1 혼자서 써보기

_____

_____

_____

_____

_____

_____

_____

➡ step 2는 다음 페이 지의 '영작연습'과 '스토리 구조 분석' 을 해본 후 다시 써 보세요. 또는 정답을 옮겨 써 보세요.

### Step 2 다시 한번 써보기

_____

_____

_____

_____

_____

_____

_____

 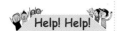

Help! Help!

- carefully 조심스럽게
- important 중요한
- remember 기억하다
- true 사실인

**Step 1** 다음 문장을 영어식 구조를 참고하여 영어로 써보세요.

(1) 조심스럽게 운전하는 Tom은 나의 친구이다. (현재분사 이용)

→ _____

**영어식 구조** Tom / 운전하는 / 조심스럽게 / 이다 / 나의 친구

(2) 조심스럽게 운전하는 것이 중요하다. (동명사 이용)

→ _____

**영어식 구조** 운전하는 것이 / 조심스럽게 / 이다 / 중요한

(3) 너는 조심스럽게 운전하는 것을 기억해야 한다. (동명사 이용)

→ _____

**영어식 구조** 너는 / 기억해야한다 / 운전하는 것을 / 조심스럽게

(4) Tom이 조심스럽게 운전하는 것은 사실이다.

→ _____

**영어식 구조** Tom이 / 운전하는 것은 / 조심스럽게 / 이다 / 사실인

**Step 2** 다음 문장을 영어식 구조를 생각한 후 영어로 써보세요.

- physical 신체적
- function 기능

(1) 산을 올라가는 저 사람은 나의 동생이다.

→ _____

(2) 산에 오르는 것은 사람들의 신체적 기능을 발달시킨다.

→ _____

(3) 나에 의해서 쓰이어진 그 책들은 잘 팔린다.

→ _____

(4) 많은 책을 읽고 있는 Tom은 매우 근면하다.

→ _____

다음 문장은 스토리 쓰기에 나오는 문장들입니다. 영어식 구조를 생각하며 문장을 만들어 본 후, 스토리 쓰기의 Step 2를 해 보세요.

• calm  차분한

• solve  풀다

• problem  문제

▶ 내가 문제를 가질 때, 나는 그것들을 해결하기 위해서 음악을 듣는다.

→ _____

영어식 구조  때 / 내가 / 가질 / 문제를, 나는 / 듣는다 / 음악을 / 해결하기 위해 / 그것들을

▶ 고전음악이 나에게는 더 유용하다.

→ _____

영어식 구조  고전음악이 / 이다 / 더 유용하다 / 나에게는

시험 엿보기

━━ 과거분사와 현재분사의 차이

◻ David climbs the mountain.
David은 / 오른다 / 산을

◻ David is climbing the mountain.
David은 / 올라가고 / 있다 / 산을

◻ David climbing the mountain
David은 / 올라가는 / 산을
→David – 능동형이므로 현재분사 (~ing)가 쓰였습니다.

◻ The machine was invented by me.
그 기계는 / 발명되어졌다 / ~의해서 / 나에

◻ The machine invented by me sells well.
그 기계는 / 발명된 / ~의해서 / 나에 / 팔린다 / 잘
→ 기계가 발명되어졌으므로 수동형 과거분사(invented)가 쓰였습니다.

# to부정사구와 동명사구가 주어
## 의미는 동사, 역할은 주어

> To be or not to be: that is the question.
> 사느냐 죽느냐 그것이 문제로다.
>
> 세익스피어의 "햄릿" 중에서

**⋮ 영작문 필수 구조**

### 명사의 기능으로 전환

동사원형에 ~ing를 붙이거나 to를 붙혀, 문장에서 동사의 기능이 아닌 명사의 기능으로 전환시킨다. 이 전환된 to부정사나 동명사를 문장에서 주어로 이용을 한다.

> #### to부정사구(phrase)와 동명사구(phrase)란?
> to부정사구(phrase) 동명사구(phrase)를 형성하여, 명사처럼 문장에서 주어로 쓰입니다.
> ☐ (Base form) He discusses the project.
> ☐ To discuss the project is very important to me.
>    토론하는 것은 / 그 프로젝트를 / 이다 / 매우 / 중요한 것 / 나에게
> ☐ Discussing the project is very important to me.
>    토론하는 것은 / 그 프로젝트를 / 이다 / 매우 / 중요한 것 / 나에게

**⋮ 영작문 필수 예문**

• smell 냄새를 맡다

• delicious 맛있는

• take a walk 산책하다

• healthy 건강한

• dangerous 위험한

☐ **To make new friends** is some difficult.
   만드는 것 / 새 친구들을 / 이다 / 약간 어려운

☐ **To take a walk every day** keeps you healthy.
   산책하는 것은 / 날마다 / 유지한다 / 너를 / 건강하게

☐ **Making new friends** is some difficult.
   만드는 것은 / 새 친구들을 / 이다 / 약간 어려운

☐ **Taking a walk every** day keeps you healthy.
   산책하는 것은 / 날마다 / 유지한다 / 너를 / 건강하게

다음 스토리를 읽고 영어로 써보세요. Step 1을 먼저 해 보신 후, 다음 페이지의 영작 연습과 스토리 쓰기 구조 분석을 해 본 후 Step 2를 해보세요. 늘어나는 영작문 실력을 금방 확인할 수 있습니다!

- duty 임무
- social activity 사회 활동
- practical 유용한
- ability 능력
- ideal 이상적인
- difference 차이

▶ 미래를 위하여, 열심히 공부를 하는 것은 학생의 의무이다. 학생들은 또한 많은 경험을 가져야 한다. 그들은 사회 활동이나 part time job을 가져야 한다. 그들은 졸업하기 전에 실질적인 능력을 배워야 한다. 실질적인 기술과 이상적인 능력 사이에는 많은 차이점이 있다. 실질적인 기술이 이상적인 기술보다 더 유익하다.

### Step 1 혼자서 써보기

---

---

---

---

---

---

---

---

→ step 2는 다음 페이지의 '영작연습'과 '스토리 구조 분석'을 해본 후 다시 써 보세요. 또는 정답을 옮겨 써 보세요.

### Step 2 다시 한번 써보기

---

---

---

---

---

---

---

---

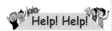
Help! Help!

• future 미래
• health 건강
• custom 풍습

**Step 1** 다음 문장을 영어식 구조를 참고하여 영어로 써보세요.

(1) 많은 책을 읽는 것은 너의 미래를 위하여 좋다.

→ _____

> 영어식 구조  읽는 것은 / 많은 책을 / 좋다 / 위하여 / 너의 미래를

(2) 산책하는 것은 너의 건강에 좋다.

→ _____

> 영어식 구조  산책하는 것은 / 이다 / 좋다 / 너의 건강에

(3) 네가 만나는 사람들에게 미소를 짓는 것은 친절한 풍습이다.

→ _____

> 영어식 구조  미소를 짓는 것은 / 사람들에게 / 네가 / 만나는 / 이다 / 친절한 풍습

(4) 우리는 돈을 잘 이용하는 방법을 배워야 한다.

→ _____

> 영어식 구조  우리는 / 배워야 한다 / 방법을 / 이용하는 / 돈을 / 잘

**Step 2** 다음 문장을 영어식 구조를 생각한 후 영어로 써보세요.

• memorize 암기하다
• important 중요한
• keep a diary 일기 쓰다

(1) 나는 내가 가족과 살아 갈 아름다운 집을 사야 한다.

→ _____

(2) 나의 고향을 방문하는 것은 나를 기쁘게 한다.

→ _____

(3) 사람들의 이름을 암기하는 것이 중요하다.

→ _____

(4) 날마다 영어로 일기를 쓰는 것은 영어 배우는데 매우 중요하다.

→ _____

다음 문장은 스토리 쓰기에 나오는 문장들입니다. 영어식 구조를 생각하며 문장을 만들어 본 후,
스토리 쓰기의 Step 2를 해 보세요.

• difference  차이점

• practical  실질적인

• ideal  이상적인

▶ 미래를 위하여, 열심히 공부를 하는 것은 학생의 의무이다.

→ _____

> **영어식 구조** 위하여 / 미래를, 공부를 하는 것은 / 열심히 / ~이다 / 학생의 의무

▶ 실질적인 기술과 이상적인 능력 사이에는 많은 차이점이 있다.

→ _____

> **영어식 구조** 있다 / 많은 차이점이 / ~사이에는 / 실질적인 기술과 이상적인 능력

## 시험 엿보기

— **이어 동사란?**

동사 뒤에 부사가 올 경우, 동사와 부사 두 단어를 편의상 이어 동사라 합니다. 주로 다음의 부사가
쓰입니다 : up, down, on, off, out
그런데 이러한 동사들은 특별한 규칙이 있습니다. 이런 동사의 목적어로 대명사가 올 경우에는 항
상 이어 동사 사이에 대명사가 위치하여야 합니다.

□ I will pick him up. (○)

　내가 / 태울 거야 / 그를

□ I will pick up him. (✕)

　내가 / 태울 거야 / 그를

□ I will turn off the light. (○)

　내가 / 끌 거야 / 불을

□ I will turn it off. (○)

　내가 / 끌 거야 / 그것을

□ I will give up the bicycles. (○)

　나는 / 포기 할 거야 / 그 자전거들을

□ I will give them up. (○)

　나는 / 포기 할 거야 / 그것들을

# Unit 39

## 절이 주어인 경우
### 접속사야, 내게 오렴

> All my dreams pass before my eyes a curiosity. Dust in the wind. All they are is dust in the wind.
> 내 모든 꿈들은 눈앞에서 그저 호기심으로 지나쳐 버려. 바람속의 먼지 그 모든 것들은 바람속의 먼지일 뿐.
> 팝송 "Dust In The Wind" 중에서

### 영작문 필수 구조

절(clause)이란?

문장(sentence)의 맨 앞에 접속사를 첨가하면, 한 개의 문장으로 역할을 수행했던 절이 문장에서 명사 형용사 부사처럼 역할을 수행할 때 이것을 절(clause)이라 합니다.

> **다양한 절 만들기**
> □ (Base form) He meets many foreign people. 그는 / 만난다 / 많은 외국인들을
> □ that he meets many foreign people 그가 만나는 것 / 많은 외국인들을
> □ where he meets many foreign people 그 곳 / 그가 / 만나는 / 많은 외국인들을
> □ how he meets many foreign people 그 방법 / 그가 / 만나는 / 많은 외국인들을
> □ when he meets many foreign people 그 때 / 그가 / 만나는 / 많은 외국인들을
> □ whether he meets many foreign people
>    그가 만나는지 안 만나는지 / 많은 외국인들을

### 영작문 필수 예문

• foreign 외국의
• useful 유용한

□ **That he meets many foreign people** is useful. (절이 주어 역할)
   그가 만나는 것은 / 많은 외국인들을 / 이다 / 유용한
   = It is useful that he meets many foreign people.

□ **Whether he meets many foreign people or not** is important.
   그가 만나는지 / 많은 외국인들을 / 안 만나는지가 / 이다 / 중요한

□ I want to know **how he meets many foreign people**.
   나는 / 알고 싶다 / 어떻게 / 그가 / 만나는지 / 많은 외국인들을

□ I want to know **when he meets many foreign people**.
   나는 / 알고 싶다 / 언제 / 그가 / 만나는지 / 많은 외국인들을

다음 스토리를 읽고 영어로 써보세요. Step 1을 먼저 해 보신 후, 다음 페이지의 영작 연습과 스토리 쓰기 구조 분석을 해 본 후 Step 2를 해보세요. 늘어나는 영작문 실력을 금방 확인할 수 있습니다!

• lead 이끌다
• do 실행하다

▶ 왜 네가 그 일을 끝마치지 않았는지 나에게 말하시오. 모든 일을 당장 실행하시오. 어떻게 오늘을 사느냐가 어떻게 내일을 사느냐보다 더 중요하다. 비록 좋은 계획을 만드는 것도 중요하지만, 그 계획을 끝마치는 것이 당신을 밝은 미래로 이끌어 갈 것이다.

### Step 1 혼자서 써보기

### Step 2 다시 한번 써보기

→ step 2는 다음 페이지의 '영작연습'과 '스토리 구조 분석'을 해본 후 다시 써 보세요. 또는 정답을 옮겨 써 보세요.

Help! Help!

• depend on 달려있다

**Step 1** 다음 문장을 영어식 구조를 참고하여 영어로 써보세요.

(1) 나는 그가 왜 그곳에 갔는지 그 이유를 알아야 한다.

→ _____

> 영어식 구조
> 나는 / 알아야한다 / 그 이유를 / 왜 / 그가 / 갔는지 / 그곳에

(2) 그가 여기에 오느냐 안 오느냐는 너에게 달려있다.

→ _____

> 영어식 구조
> 그가 / 오느냐 / 여기에 / 안 오느냐는 / 달려있다 / 너에게

(3) 나에게 그가 많은 외국인을 어디에서 만나는지 말하시오.

→ _____

> 영어식 구조
> 말하시오 / 나에게 / 어디에서 / 그가 / 만나는지 / 많은 외국인을

(4) 나는 그가 많은 외국인을 만나는지 알 수 없다.

→ _____

> 영어식 구조
> 나는 / 알 수 없다 / 그가 만나는지 / 많은 외국인을

**Step 2** 다음 문장을 영어식 구조를 생각한 후 영어로 써보세요.

• honest 정직한
• reason 이유
• temple 사원

(1) 그가 정직하다는 사실은 나를 놀라게 했다.

→ _____

(2) 그녀가 여기에 왔던 이유는 너를 만나기 위해서였다.

→ _____

(3) 그가 여기에 왔던 그 시간은 아침 7시였다.

→ _____

(4) 그가 갔던 장소는 그 사원이었다.

→ _____

다음 문장은 스토리 쓰기에 나오는 문장들입니다. 영어식 구조를 생각하며 문장을 만들어 본 후,
스토리 쓰기의 Step 2를 해 보세요.

• live 살다

• today 오늘

• tomorrow 내일

• plan 계획

• lead 이끌다

▶ 왜 네가 그 일을 끝마치지 않았는지 나에게 말하시오.

→ _____

**영어식 구조** 말하시오 / 나에게 / 왜 / 네가 / 끝마치지 / 않았는지 / 그 일을

▶ 어떻게 오늘을 사느냐가 어떻게 내일을 사느냐보다 더 중요하다.

→ _____

**영어식 구조** 어떻게 / 사느냐가 / 오늘 / 이다 / 더중요하다 / 어떻게 / 사느냐보다 / 내일

▶ 그 계획을 끝마치는 것이 당신을 밝은 미래로 이끌어 갈 것이다.

→ _____

**영어식 구조** 끝마치는 것이 / 그 계획을 / 이끌어 갈 것이다 / 당신을 / 밝은 미래로

시험 엿보기

— 가주어와 가목적어 it 이란?

주어나 목적어가 구(phrase)나 절(clause)로 이루어 질 경우에는 가주어 it과 가목적어 it을 사용합
니다.

▢ That Tom won the contest was great news.

Tom이 / 이긴 것은 / 대회에서 / 이었다 / 대단한 소식

= It was exciting news that Tom won the contest.

▢ I think it easy to join the club.

나는 / 생각한다 / 쉽다고 / 가입하는 것이 / 그 클럽에

▢ I make it a rule to work hard.

나는 / 만든다 / 규칙으로 / 열심히 일하는 것을

# Unit 40

## 수식어가 있는 주어 1

한땐, 나도 동사였는데

> A drowning man catches a straw.
> 물에 빠진 사람은 지푸라기라도 잡는다.
>
> 영어속담 중에서

영작문 필수 구조

### 수식어가 있는 주어

주어인 명사를 설명하거나 묘사하여 주는 분사, 관계대명사, 전치사구(phrase)가 있는 경우를 말합니다. 따라서 분사, 관계대명사, 전치사구(phrase)는 문장에서 형용사 역할(function)을 합니다.

> **현재 분사에 의한 수식**
> 서술하는 주어와 목적어와의 관계가 능동일 때 사용됩니다.
> □ Juliet reading books in the library likes going on a picnic.
> → reading books in the library – Julie가 스스로 읽으니 능동인 현재분사가 쓰였습니다.
>
> **과거분사에 의한 수식**
> 서술하는 주어와 목적어와의 관계가 수동일 때 사용됩니다.
> □ The lake located in the city is very peaceful.
> → located in the city – 수동의 역할이 되는 located가 쓰였습니다.

영작문 필수 예문

- language 언어
- look ~보이다
- simple 단순한

□ **The car repaired yesterday** is working well.

그 차는 / 수리된 / 어제 / 한다 / 작동 / 잘

□ The boy **playing with his friends in the park** is my brother.

그 소년은 / 놀고 있는 / 공원에서 / 친구들과 / 이다 / 내 동생

□ The house **built last year** looks very large and simple.

그 집은 / 지어진 / 작년에 / 보인다 / 매우 / 크고 / 단순하게

## 스토리 쓰기

다음 스토리를 읽고 영어로 써보세요. Step 1을 먼저 해 보신 후, 다음 페이지의 영작 연습과 스토리 쓰기 구조 분석을 해 본 후 Step 2를 해보세요. 늘어나는 영작문 실력을 금방 확인할 수 있습니다!

• greet 반기다

• be pleased with 즐 거워 진

▶ Lisa는 Bill이 그 시험에 합격했다는 소식을 들었다. 그 소식에 즐거워진 Lisa는 그녀의 어머니에게 달려갔다. 부엌에서 요리를 하고 있던 Lisa의 어머니는 그녀를 반겼다. 그녀는 그녀의 오빠가 그 시험에 합격했다고 그녀의 어머니에게 말했다. 어머니는 그 소식에 기뻐했다. 하나의 좋은 소식이 그녀의 가족들을 즐겁게 했다.

### Step 1 혼자서 써보기

-------------------------------------

-------------------------------------

-------------------------------------

-------------------------------------

-------------------------------------

-------------------------------------

-------------------------------------

➡ step 2는 다음 페이지의 '영작연습'과 '스토리 구조 분석'을 해본 후 다시 써 보세요. 또는 정답을 옮겨 써 보세요.

### Step 2 다시 한번 써보기

-------------------------------------

-------------------------------------

-------------------------------------

-------------------------------------

-------------------------------------

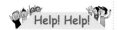
Help! Help!

**Step 1** 다음 문장을 영어식 구조를 참고하여 영어로 써보세요.

(1) 그가 흰색으로 칠한 그 벽은 매우 아름답다.

→ _____

> 영어식구조  그 벽은 / 그가 / 칠한 / 흰색으로 / 이다 / 매우 아름다운

(2) 푸른색으로 칠해진 그 배는 다음 주 일본으로 여행할 것이다.

→ _____

> 영어식구조  푸른색으로 / 칠해진 / 그 배는 / 여행할 것이다 / 일본으로 / 다음 주

(3) 공원에서 친구들과 놀고 있는 그 소년은 내 남동생이다.

→ _____

> 영어식구조  그 소년은 / 놀고 있는 / 친구들과 / 공원에서 / 이다 / 내 남동생

(4) 눈으로 덮여 있는 그 산은 매우 높다.

→ _____

> 영어식구조  그 산 / 덮여 있는 / 눈으로 / 이다 / 매우 / 높다

**Step 2** 다음 문장을 영어식 구조를 생각한 후 영어로 써보세요.

• spoken 말해지는
• language 언어
• published 출판된
• useful 유용하다

(1) 도서관에서 책을 읽고 있는 저 소녀는 나의 딸이다.

→ _____

(2) TV를 보고 있는 저 소녀는 나의 딸이다.

→ _____

(3) 미국에서 말해지는 언어는 영어이다.

→ _____

(4) 그 여자에 의해서 출판된 그 책은 매우 유용하다.

→ _____

다음 문장은 스토리 쓰기에 나오는 문장들입니다. 영어식 구조를 생각하며 문장을 만들어 본 후,
스토리 쓰기의 Step 2를 해 보세요.

▶ 그 소식에 즐거워진 Lisa는 그녀의 어머니에게 달려갔다.

→ _____

 Lisa / 즐거워진 / 그 소식에 / 달려갔다 / 그녀의 어머니에게

▶ 하나의 좋은 소식이 그녀의 가족들을 즐겁게 했다.

→ _____

 하나의 좋은 소식이 / 만들었다 / 그녀의 가족들을 / 즐겁게

### 시험 엿보기

— 왜 사람에게도 과거분사(수동형)를 쓰게 되나요?

사람이 동작의 주체이지요. 그래서 대부분 능동형인 현재분사를 이용합니다. 그러나 사람의 성질과
관련 있는 동사는 사람이 과거분사형의 수식을 받습니다.

□ I was excited.
　나는 / 흥분되어졌다
□ The game was interesting.
　그 게임은 / 재미있었다
□ The children were bored by the boring story.
　어린이들은 / 지루해졌다 / 의해서 / 그 지루한 이야기에

# Unit 41

## 수식어가 있는 주어 2
### 난, 명사 뒤에만 있어요

> The brave men, living and dead, who struggled, here, have consecrated it far above our poor power to add or detract.
> 살았던 죽었던, 용감한 자들이 우리의 미약한 힘이 더하거나 뺄 것 없이 그것을 바쳤기 때문입니다.
> "링컨의 게티스버그 연설문" 중에서

**수식어가 있는 주어 – 관계대명사 사용**

관계대명사란 명사 뒤에서 절을 형성하여 선행사인 명사를 수식하여 주는 단어를 말합니다. 명사를 묘사하는 형용사의 역할을 합니다.

> **주격으로 쓰이는 경우 – 관계대명사가 주어역할을 합니다.**
> □ The lady **who visited my school** is a famous doctor.
> →who visited my school 절(clause)이 the lady를 수식하여 주면서 형용사 역할을 하고 있습니다.
>
> **소유격으로 쓰이는 경우 – 관계대명사가 소유격 역할을 합니다.**
> □ The lady **whose hobby is listening to classical music** gave me a gift.
> →whose 이하의 절(clause)이 the lady를 수식하여 주는 형용사 역할을 합니다.
>
> **목적격으로 쓰이는 경우 – 관계대명사가 목적격 역할을 합니다.**
> □ The lady **whom you loved** will marry the man.
> →whom you loved 절이 the lady를 수식하여 주는 형용사 역할을 하고 있습니다.

• be located in ~에
위치한

• graduated from 졸
업하다

• fame 명성

□ This is the school **which is located in the city**.
이것이 / 그 학교이다 / 위치한 / 그 도시에

□ This is the school **which she graduated from**.
이것이 / 그 학교이다 / 그 여자가 / 졸업한

□ This is the school **whose fame is good**.
이것이 / 그 학교이다 / 그것의 명성이 / 좋은

다음 스토리를 읽고 영어로 써보세요. Step 1을 먼저 해 보신 후, 다음 페이지의 영작 연습과 스토리 쓰기 구조 분석을 해 본 후 Step 2를 해보세요. 늘어나는 영작문 실력을 금방 확인할 수 있습니다!

• be known to ~에 알 려지다

• various 다양한

• common sense 상 식

▶ 나의 학교에서 학생들에게 영어를 가르치는 Mike는 많은 학생들에게 인기 있다. 그는 일주일에 책을 한 권씩 읽지만 그것은 쉽지 않다. 그는 책을 읽음으로 다양한 종류의 상식을 알고 있다. 그는 상식을 이용하여 그의 학생들을 가르친다.

### Step 1 혼자서 써보기

------

### Step 2 다시 한번 써보기

→ step 2는 다음 페이 지의 '영작연습'과 '스토리 구조 분석' 을 해본 후 다시 써 보세요. 또는 정답을 옮겨 써 보세요.

------

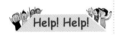

Help! Help!

• museum 박물관

**Step 1** 다음 문장을 영어식 구조를 참고하여 영어로 써보세요.

(1) Chris는 나의 회사에서 일하고 있다.

→ _____

> 영어식 구조 Chris는 / 일하고 있다 / 나의 회사에서

(2) Chris는 그 영화를 보았다.

→ _____

> 영어식 구조 Chris는 / 보았다 / 그 영화를

(3) 그 영화를 보았던 Chris는 나의 회사에서 일하고 있다.

→ _____

> 영어식 구조 Chris는 / 보았던 / 그 영화를 / 일하고 있다 / 나의 회사에서

(4) 그 선생님을 사랑하는 Mary는 박물관에서 일한다.

→ _____

> 영어식 구조 Mary는 / 사랑하는 / 그 선생님을 / 일한다 / 박물관에서

**Step 2** 다음 문장을 영어식 구조를 생각한 후 영어로 써보세요.

• neighbor 이웃
• develop 개발하다

(1) Jack은 나의 이웃이다.

→ _____

(2) Jack은 작년에 새로운 제품을 개발했다.

→ _____

(3) 작년에 새로운 제품을 개발했던 Jack은 나의 이웃이다.

→ _____

(4) Jack을 좋아하는 그 숙녀가 이곳에 왔다.

→ _____

스토리 쓰기 구조 분석

다음 문장은 스토리 쓰기에 나오는 문장들입니다. 영어식 구조를 생각하며 문장을 만들어 본 후, 스토리 쓰기의 Step 2를 해 보세요.

▶ 그는 일주일에 책을 한 권씩 읽는다.

→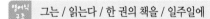

**영어식 구조** 그는 / 읽는다 / 한 권의 책을 / 일주일에

▶ 그는 책을 읽음으로 다양한 종류의 상식을 알고 있다.

→ _____

**영어식 구조** 그는 / 알고 있다 / 다양한 종류의 상식을 / 읽음으로 / 책을

 **시험 엿보기**

— 문장에서 주어 찾기가 어려워요.

주어와 동사의 수(단수, 복수) 일치는 매우 중요합니다. 주어와 동사의 수일치를 잘 하려면, 수식어가 아닌 주어를 찾는 것이 중요합니다.

**전치사구(phrase)가 있을 경우 – 전치사구(phrase)는 형용사 역할을 합니다.**

□ The girls in this office work hard.
  그 소녀들은 / 이 사무실의 / 일 한다 / 열심히
  → The girls가 주어입니다.

**과거분사구(phrase)가 있는 경우 – 과거분사구(phrase)는 형용사 역할을 합니다.**

□ The car broken by the boys is expensive.
  그 차 / 부서진 / ~의해서 / 그 소년에 / ~다 / 비싸
  → The car가 주어입니다.

**현재분사구(phrase)가 있는 경우 – 현재분사구(phrase)는 형용사 역할을 합니다.**

□ The man walking along the street is my father.
  그 사람 / 걷고 있는 / 길을 따라 / ~이다 / 나의 아버지
  → The man이 주어입니다.

Unit 41 수식어가 있는 주어 2   221

주제 : 운전 중 cell phone 사용의 위험

많은 사람들이 운전 중 cell phone을 사용하지만 이것은 매우 위험한 것이다. 운전 중 cell phone의 사용은 많은 교통사고를 야기한다. 사실, 이러한 교통사고는 날마다 누군가를 다치게 하고 죽게 한다. 작년에 교통사고로 다치거나 죽었던 약 15%의 사람들이 운전 중 cell phone과 관련있었다. 이러한 종류의 사고를 피하기 위해서, 사람들은 운전 중 cell phone을 사용해서는 안 된다.

---

**어휘**

- **dangerous** 위험한
- **traffic accident** 교통사고
- **cause** 야기하다
- **be injured** 부상당하다
- **be related to** ~와 관련 있다
- **avoid** 피하다

---

**Tips** ■ Essay 구성 원칙

Main idea(주제문) → Support(주제문 뒷받침) → Conclusion(결론)

첫 번째, 주제를 뒷받침해주는 main idea를 작성 합니다.
두 번째, 이 주제문을 뒷받침하여 주는 문장을 2 ~ 3개 작성 합니다.
마지막으로 주제문을 다시 강조해주는 문장을 만들어 주는 것이 essay의 기본 구조입니다.

＊

위 문장을 예를 들면, 운전 중 cell phone 사용의 위험을 main idea로 정했습니다. 이를 뒷받침하여 주는 문장이 나와야겠지요. 따라서 교통사고의 예를 보여 주고 있습니다. 그래서 운전 중 cell phone의 사용을 하여서는 안 된다고 결론을 내렸습니다.

# Knowledge

Eleanor Farjeon

Your mind is a meadow
To plant for your needs;
You are the farmer,
With knowledge for seeds.

Don't leave your meadow
Unplanted and bare,
Sow it with knowledge
And tend it with care.

Don't be a know-nothing!
Plant in the spring,
And see what a harvest
The summer will bring.

**Part 11**

# 목적어, 보어의 이해

# 목적어와 구성조건
### 명사야 미안해, 나도 명사 역할할 거야

> All my best memories come back clearly to me. Some can even make me cry.
> 내 모든 기억들이 다시 뚜렷이 돌아와, 날 울 것만 같게 하고 있어요.
>
> 팝송 "Yesterday Once More" 중에서

## 영작문 필수 구조

### 목적어
문장에서 동사의 동작을 받는 단어, 구(phrase), 절(clause) 등을 말합니다.
주어의 동작이 행해지는 대상을 나타냅니다.

> **목적어가 될 수 있는 것들**
> 명사 – 순수 명사 (사전에 있는 명사)
> 변형 된 것 – 동사가 모양을 변형시켜 명사화 된 것들
> – to 부정사 구(phrase), 동명사 구(phrase), 절(접속사 + 주어 + 동사)

▶ **짧은 목적어인 경우**
  □ Tom and Jenny are studying **history**.
    → 명사인 history가 동사 study의 목적어입니다.
  □ They are enjoying **themselves**.
    → 재귀대명사인 themselves가 동사 enjoy의 목적어입니다.

▶ **목적어가 긴 경우는 대부분 구(phrase)나 절(clause)이 목적어인 경우입니다.**
  □ He reads many books.
    → 이 문장에서 동사이하를 구(phrase)나 절(clause)을 명사 역할로 변형할 수 있습니다
  □ **to read many books / reading many books**
    → 문장에서 주어, 목적어, 보어역할을 합니다.

## 영작문 필수 예문

• true 사실
• reason 이유
• whether ~인지 아닌지

위의 문장을 이용하여, 절을 만들 수 있습니다.

□ It is true **that he reads many books**.
  사실이다 / 그가 / 읽는 것은 / 많은 책을
□ I know **where he reads many books**.
  나는 / 안다 / 어디에서 / 그가 / 읽는지 / 많은 책을
□ Tell me the reason **why he reads many books**.
  말하세요 / 나에게 / 왜 / 그가 / 읽는지 / 많은 책을
□ I know **when he reads many books**.
  나는 / 안다 / 언제 / 그가 / 읽는지 / 많은 책을

다음 스토리를 읽고 영어로 써보세요. Step 1을 먼저 해 보신 후, 다음 페이지의 영작 연습과 스토리 쓰기 구조 분석을 해 본 후 Step 2를 해보세요. 늘어나는 영작문 실력을 금방 확인할 수 있습니다!

• be satisfied with 만족하다

• look ～처럼 보이다

• colorful 화려한

• complicated 복잡한

▶ 거실에서 TV를 보고 있는 나의 동생은 내가 그에게 준 선물에 만족했다. 나에 의해서 만들어진 그 인형은 매우 화려하게 보였다. 처음에 그 인형을 만들기는 매우 복잡했고 어려웠다. 시간이 흐른 후, 나는 그것을 더 잘 만드는 방법을 알았다. 그 선물의 덕분에, 나는 동생과 좋은 관계를 유지하고 있다.

### Step 1 혼자서 써보기

----

----

----

----

----

----

→ step 2는 다음 페이지의 '영작연습'과 '스토리 구조 분석'을 해본 후 다시 써보세요. 또는 정답을 옮겨 써 보세요.

### Step 2 다시 한번 써보기

----

----

----

----

----

----

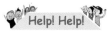 Help! Help!

**Step 1** 다음 문장을 영어식 구조를 참고하여 영어로 써보세요.

(1) 나는 그가 왜 미래를 위하여 많은 책을 읽는지 알고 있다.

→ _____

> 영어식 구조   나는 / 알고 있다 / 왜 / 그가 / 읽는지 / 많은 책을 / ~위하여 / 미래를

(2) 나는 그가 미래를 위하여 많은 책을 읽기를 바란다.

→ _____

> 영어식 구조   나는 / 바란다 / 그가 / 읽기를 / 많은 책을 / ~위하여 / 미래를

(3) 나에게 어떻게 그가 미래를 위하여 많은 책을 읽는지 말해줘.

→ _____

> 영어식 구조   말해줘 / 나에게 / 어떻게 / 그가 / 읽는지 / 많은 책을 / ~위하여 / 미래를

(4) 그녀는 시골에서 사는 것을 좋아한다.

→ _____

> 영어식 구조   그녀는 / 좋아한다 / 사는 것을 / 시골에서

**Step 2** 다음 문장을 영어식 구조를 생각한 후 영어로 써보세요.

• ask 요청하다

(1) 나는 그가 어디에 사는지 알 수 있다 .

→ _____

(2) 그녀는 나에게 그 책을 사라고 요청했다.

→ _____

(3) 그녀는 나에게 그 책을 사라고 시켰다.

→ _____

(4) 그녀는 내가 책을 사는 것을 보고 있다.

→ _____

다음 문장은 스토리 쓰기에 나오는 문장들입니다. 영어식 구조를 생각하며 문장을 만들어 본 후, 스토리 쓰기의 Step 2를 해 보세요.

▶ 나에 의해서 만들어진 그 인형은 매우 화려하게 보였다

→ _____

> **영어식 구조** 그 인형은 / 만들어진 / 나에 의해서 / 보였다 / 매우 화려하게

▶ 처음에 그 인형을 만들기는 매우 복잡하고 어려웠다.

→ _____

> **영어식 구조** 처음에 / 만들기는 / 그 인형을 / 였다 / 매우 복잡하고 / 어려움

### 시험 엿보기

— 셀 수 있는 명사와 셀 수 없는 명사

영미인들은 셀 수 있는 명사와 셀 수 없는 명사의 구별을 중요하게 다루고 있습니다. 그 기준에 따라 단수와 복수의 동사형태도 달라집니다. 다음은 자주 쓰이는 명사입니다.

▶ 개체 수가 너무 많은 것 : hair, rice, salt, sugar
▶ 쪼개도 성질이 같은 것 : cake, bread, paper, stone
▶ 집합적 의미를 가진 것 : baggage, equipment, luggage, furniture, information

☐ Much baggage is carried by the car.
   많은 수화물이 / 운반 된다 / 의해서 / 그 차에
☐ Much furniture sells well in this market.
   많은 가구가 / 팔린다 / 잘 / 이 시장에서
☐ I need much sugar to make the coffee sweet.
   나는 / 필요하다 / 많은 설탕이 / 만들기 위해 / 커피를 / 달게

# Unit 43

## 보어와 구성 조건

주어야, 목적어야 – 내가 도와줄게

> The second is freedom of every person to worship God in his own way.
> 둘째는 자기마음대로 신을 숭배할 수 있는 신앙의 자유입니다.
>
> Franklin D. Roosevelt: "Four Freedoms Speech" 중에서

### 영작문 필수 구조

**보어**

주격보어 : 문장에서 명사인 주어의 상태나 모습을 묘사합니다.
목적격 보어 : 문장에서 목적어인 명사의 상태나 동작을 묘사합니다.

> **보어의 자격 조건**
> 명사, 형용사의 기능을 하는 구조는 가능하지만, 부사는 될 수가 없습니다. 왜냐하면 부사는 명사와 직접적인 관계가 성립이 되지는 않습니다.

▶ **to부정사구(phrase)가 목적격 보어로 쓰임**

목적어로 쓰이는 명사 뒤에서 명사인 목적어를 수식하거나 행동을 묘사합니다.

목적격 보어로서 대부분 to부정사가 원칙이나 예외적인 것도 있습니다.

– 문장에서 동사가 지각동사나 사역동사인 경우는 목적격 보어로서 to부정사구(phrase)는 쓰이지 않습니다.

– 대신에 동사원형, 현재분사, 과거분사가 쓰입니다.

### 영작문 필수 예문

- hobby 취미
- collect 모으다
- stamp 우표
- asleep 잠이 오는
- grade 성적

**→ 주격보어**

☐ My hobby is **collecting foreign stamps**.
　나의 취미는 / 이다 / 수집하는 것 / 외국우표를

☐ While he was studying, he fell **asleep**.
　동안 / 그가 / 공부하고 있는, 그는 / 잠이 들었다

☐ My goal is **to get good grades**.　나의 목표는 / 갖는 것이다 / 좋은 성적을

☐ The news is **that he passed the test**.
　그 소식은 / 이다 / 그가 / 합격한 것 / 그 시험에

**→ 목적격 보어**

☐ We call him **Tom**.　우리는 / 부른다 / 그를 / Tom 이라고

☐ He made her **angry**.　그는 / 만들었다 / 그 여자를 / 화나게

☐ He asked her **to call me**.　그는 / 요청했다 / 그 여자에게 / 전화하라고 / 나에게

다음 스토리를 읽고 영어로 써보세요. Step1을 먼저 해 보신 후, 다음 페이지의 영작 연습과 스토리 쓰기 구조 분석을 해 본 후 Step2를 해보세요. 늘어나는 영작문 실력을 금방 확인할 수 있습니다!

• ask  요청하다
• accept  받아들이다
• habit  습관
• active  활동적인

▶ Tom은 그 환자에게 아침 일찍 일어나는 것을 요청했다. 그 환자는 그의 건강과 가족을 위해서 Tom의 충고를 받아들였다. 아침 일찍 일어나는 것은 그의 매일의 삶을 활동적이게 만들었다. 그는 매우 활동적이 되었다. 나쁜 습관을 바꾸기 위해서 다른 사람들의 충고를 잘 받아들이는 것은  매우 좋은 일이다. 만약 당신이 더 좋은 삶을 원한다면 이제는 당신의 나쁜 습관을 바꿀 시간이다.

### Step 1 혼자서 써보기

---

---

---

---

---

---

→ step 2는 다음 페이지의 '영작연습'과 '스토리 구조 분석'을 해본 후 다시 써 보세요. 또는 정답을 옮겨 써 보세요.

### Step 2 다시 한번 써보기

---

---

---

---

---

---

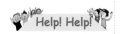
Help! Help!

• advise 충고하다
• keep 간직하다

**Step 1** 다음 문장을 영어식 구조를 참고하여 영어로 써보세요.

(1) 이 음식을 먹는 것은 당신의 건강에 좋다.

→ _____

> **영어식 구조** 먹는 것은 / 이 음식을 / 이다 / 좋다 / 당신의 건강에

(2) 그는 그녀가 비행기로 하와이 가는 것을 요청했다.

→ _____

> **영어식 구조** 그는 / 요청했다 / 그녀가 / 가는 것을 / 하와이 / 비행기로

(3) 너의 이야기는 그를 웃게 만들었다. (make 사역동사 이용)

→ _____

> **영어식 구조** 너의 이야기는 / 만들었다 / 그를 / 웃게

(4) 나는 그에게 그의 어머니의 충고를 간직하라고 충고했다.

→ _____

> **영어식 구조** 나는 / 충고했다 / 그에게 / 간직하라고 / 그의 어머니의 충고를

**Step 2** 다음 문장을 영어식 구조를 생각한 후 영어로 써보세요.

• solve 풀다
• order 명령하다
• feel 느끼다
• touch 만지다
• sound ~ 들리다
• interesting 재미있는

(1) 나의 선생님은 나에게 이 문제를 풀도록 충고했다.

→ _____

(2) 그녀는 그녀의 딸에게 여기에 오라고 명령했다.

→ _____

(3) Tom은 누군가 그를 만지는 것을 느꼈다.

→ _____

(4) 너의 이야기는 재미있게 들린다.

→ _____

다음 문장은 스토리 쓰기에 나오는 문장들입니다. 영어식 구조를 생각하며 문장을 만들어 본 후, 스토리 쓰기의 Step 2를 해 보세요.

▶ 그 환자는 그의 건강과 가족을 위해서 의사의 충고를 받아들였다.

→ _____

 그 환자는 / 받아들였다 / 의사의 충고를 / ~위해서 / 그의 건강과 가족을

▶ 아침 일찍 일어나는 것은 그의 매일의 삶을 활동적이게 만들었다.

→ _____

 아침 일찍 일어나는 것은 / 만들었다 / 그의 매일의 삶을 / 활동적이게

시험 엿보기

━ to부정사와 동명사의 차이점

부정사구(phrase)는 미래, 즉 아직 실현되지 않은 행동을 의미합니다.
문장에서 사역동사, 지각동사가 있는 경우에 목적격 보어로 원형부정사가 옵니다.
그 이유는 지각동사나 사역동사는 미래 시점을 의미하는 것이 아니라 현재 일어나고 있는 일에 대한 표현이기 때문입니다.
"무엇을 하게 하다", "~하는 것을 듣고, 보고, 느끼다"처럼 동시에 일어나는 일을 판단하는 것이기 때문에 미래를 의미하는 to부정사구(phrase)는 쓰이지 않습니다.

▢ I remember to meet him tomorrow.

　나는 / 기억 한다 / 만날 것을 / 그를 / 내일

▢ I remember meeting him yesterday.

　나는 / 기억 한다 / 만났던 것을 / 그를 / 어제

주제 : 너 만의 장점

너는 잡지와 TV에서 예쁘고 잘 생긴 여배우나 배우들을 볼 수 있다. 그들은 아름다운 얼굴과 멋진 몸매를 가지고 있다. 너는 그들의 외모와 너의 외모를 비교할 수 있다. 너는 너의 외모를 싫어할 수도 있고 성형수술 받기를 원할 수도 있다. 그러나 너는 너 모습 그대로 충분히 더 아름답다. 너는 다른 사람이 갖지 않은 독특한 특성이 있다. 그것은 너의 장점 중의 하나가 될 수 있다. 그러므로 그것을 장점으로 만들기 위하여 너의 아름다움을 인식하고 개발하라.

---

---

---

---

---

---

---

**어휘**

- **strong point** 장점
- **magazine** 잡지
- **body shape** 몸매
- **compare A with B** A를 B와 비교하다
- **plastic surgery** 성형수술

- **appearance** 모습
- **unique** 독특한
- **character** 특성
- **develop** 개발하다

**Tips** ■ Essay 구성 원칙

Main idea(주제문) → Support(주제문 뒷받침) → Conclusion(결론)

첫 번째, 주제를 뒷받침해주는 main idea를 작성 합니다.
두 번째, 이 주제문을 뒷받침하여 주는 문장을 2 ~ 3개 작성 합니다.
마지막으로 주제문을 다시 강조해주는 문장을 만들어 주는 것이 essay의 기본 구조입니다.

*

위 문장을 예를 들면, 너 만의 장점을 main idea로 정했습니다. 이를 뒷받침하여 주는 문장이 나와야겠지요. TV나 잡지에서 잘생긴 배우보다는 그들이 갖지 않은 너만의 장점이 있다는 예를 보여 주고 있습니다. 그래서 그 장점을 인식하고 개발하라고 결론을 내렸습니다.

# Shall I Compare Thee to a Summer's Day?

William Shakespeare

Shall I compare thee to a summer's day?

Thou art more lovely and more temperate:

Rough winds do shake the darling buds of May,

And summer's lease hath all too short a date:

Sometime too hot the eye of heaven shines,

And often is his gold complexion dimm'd;

And every fair from fair sometime declines,

By chance, or nature's changing course untrimm'd;

But thy eternal summer shall not fade,

Nor lose possession of that fair thou ow'st,

Nor shall Death brag thou wander'st in his shade,

When in eternal lines to time thou grow'st;

So long as men can breathe, or eyes can see,

So long lives this, and this gives life to thee.

# Part 12 접속사

# 문장과 문장 이어주기

우린 서로 같아야 해

But when it's evergreen, evergreen, it will last through the summer and winter, too.
하지만 그것(사랑)이 언제나 푸르고 푸르다면 여름이 지나 겨울이 와도 싱그럽게 피어있겠죠.

팝송 "Ever Green" 중에서

## 영작문 필수 구조

### 접속사의 개념 및 분류

단어와 단어, 구(phrase)와 구(phrase), 절(clause)과 절(clause)을 이어주는 다리 역할을 하는 말로서 크게 등위접속사와 종속접속사로 나뉩니다. 등위접속사는 문법적 역할이 대등한 문장을 연결해주는 접속사이고, 종속접속사는 주절을 보충 설명하면서 두 문장을 연결시키는 접속사입니다.

> 문장에서 단어와 단어를 연결을 시킬 때는 같은 품사의 구조가 옵니다.
> (형 + 형, 부사 + 부사, 동명사 + 동명사, to부정사 + to부정사)

## 영작문 필수 예문

• be afraid of ~을 두
  려워하다

• wise 현명한

• scene 장면

☐ He is tall **and** handsome. (형용사와 형용사를 연결)
  그는 / 크다 / 그리고 / 잘 생겼다

☐ Do you go to school by bus **or** by bicycle? (전치사 구와 전치사 구를 연결)
  너는 / 가니 / 학교에 / 버스로 / 혹은 / 자전거로

☐ **When** I came here, mom was making dinner. (종속 접속사)
  때 / 내가 / 왔을 / 여기에, 엄마는 / 만들고 있었다 / 저녁을

☐ Tom was very strong, **but** he was afraid of snakes. (대등 접속사)
  Tom은 / 강하다 / 매우, 그러나 / 그는 / 두려워한다 / 뱀을

☐ Tom was very wise, **so** he solved the difficult question. (대등 접속사)
  Tom은 / 매우 / 현명하다, 그래서 / 그는 / 풀었다 / 그 어려운 문제를

☐ Visit the mountain, **or** you will not see the beautiful scene. (대등 접속사)
  방문해라 / 그 산을, 그렇지 않으면 / 너는 / 보지 못할 거야 / 그 아름다운 장면을

☐ Visit the mountain, **and** you will see the beautiful scene. (대등 접속사)
  방문해라 / 그 산을, 그러면 / 너는 / 볼거야 / 그 아름다운 장면을

다음 스토리를 읽고 영어로 써보세요. Step 1을 먼저 해 보신 후, 다음 페이지의 영작 연습과 스토리 쓰기 구조 분석을 해 본 후 Step 2를 해보세요. 늘어나는 영작문 실력을 금방 확인할 수 있습니다!

- culture 문화
- realize 인식하다
- language 언어
- the way of life 생활 방식
- the 비교급 주어 + 동사, the 비교급 주어 + 동사 ~하면 할수록 더 ~하다

▶ 다른 나라의 문화를 인식하는 것은 그것의 언어를 배울 때 매우 유익하다. 그들의 문화와 사고방식 그리고 그들의 삶의 경험들은 그들의 언어에서 사용되고 있다. 그것들을 많이 이해하면 할수록, 더 빨리 그들의 언어를 배울 수 있다.

### Step 1 혼자서 써보기

_____

_____

_____

_____

_____

_____

➡ step 2는 다음 페이지의 '영작연습'과 '스토리 구조 분석'을 해본 후 다시 써 보세요. 또는 정답을 옮겨 써 보세요.

### Step 2 다시 한번 써보기

_____

_____

_____

_____

_____

_____

_____

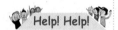
Help! Help!

**Step 1** 다음 문장을 영어식 구조를 참고하여 영어로 써보세요.

(1) 나는 David이 점심 후에 낮잠을 잔다고 생각한다. (that절 이용)

→ _____

> 영어식 구조  나는 / 생각 한다 / David이 / 낮잠을 잔다고 / 점심 후에

(2) 비록 David은 점심 후에 낮잠을 자지만, 그는 매우 좋은 성적을 얻는다. (though 이용)

→ _____

> 영어식 구조  비록 / David은 / 낮잠을 자지만 / ~후에 / 점심, 그는 / 얻는다 / 매우 좋은 성적을

(3) David은 매우 피곤해서 그는 점심 후에 낮잠을 잤다. (so 이용)

→ _____

> 영어식 구조  David은 / 매우 피곤했다, 그래서 / 그는 / 낮잠을 잤다 / 후에 / 점심

(4) David은 매우 피곤했으나 점심 후에 낮잠을 자지 않았다. (but 이용)

→ _____

> 영어식 구조  David은 / 매우 피곤했다, 그러나 / 그는 / 낮잠을 자지 않았다 / 후에 / 점심

**Step 2** 다음 문장을 영어식 구조를 생각한 후 영어로 써보세요.

- vocabulary 어휘
- memorize 암기하다
- grammatical rules
  문법지식

(1) 그는 영어로 생각해서 영어로 essay를 쓴다.

→ _____

(2) 그는 많은 어휘를 암기하지만 영어로 어떤 essay를 쓸 수 없다.

→ _____

(3) 그는 열심히 공부했기 때문에 영어로 essay를 쓸 수 있다.

→ _____

(4) 비록 그는 문법 지식을 많이 알지만, 그는 영어를 말할 수 없다. (although 이용)

→ _____

다음 문장은 스토리 쓰기에 나오는 문장들입니다. 영어식 구조를 생각하며 문장을 만들어 본 후, 스토리 쓰기의 Step 2를 해 보세요.

▶ 다른 나라의 문화를 인식하는 것은 그것의 언어를 배우는데 매우 유익하다.

→ _____

> **영어식 구조** 인식하는 것은 / 다른 나라의 문화를 / 매우 유익하다 / 배우는데 / 그것의 언어를

▶ 그들의 문화, 사고방식, 그리고 삶의 경험들은 그들의 언어에서 사용되고 있다.

→ _____

> **영어식 구조** 그들의 문화, 사고방식, 그리고 삶의 경험들은 / 사용되고 있다 / 그들의 언어에서

시험 엿보기

— 비 인칭(non-personal) 주어 it이란?

비 인칭(non-personal)이란 실제로 존재하는 대상들이 아닙니다. 따라서 대명사처럼 가리킬 수 없는 대상입니다. 그래서 인칭대명사들 중에서 가리키는 실제 대상은 없지만, 관념적으로 지시할 수 있는 수단을 만들어야겠지요. 따라서 셀 수 없는 관념상의 인칭 대명사는 단수 형태인 "it"입니다. 그래서 비인칭(non-personal) 주어 it을 사용합니다.

— 비 인칭(non-personal) 주어를 주로 사용하는 경우는 다음과 같습니다. 시간, 거리, 가격, 무게, 명암 등을 나타낼 때 사용합니다.

- □ It is hot today. 덥다 / 오늘. (날씨)
- □ It is very expensive. 매우 / 비싸다. (가격)
- □ It is two pounds. 2파운드이다. (무게) 1 pound = 450gr.
- □ How far is it? 얼마나 멀어요? (거리)
- □ It is dark. 어두워요. (명암)

# 등위접속사

우리는 서로 똑같은 구조야

> Ask not what your country can do for you, but ask what what you can do for your country.
> 여러분의 조국이 여러분을 위해 무엇을 할 것인가를 묻지말고, 조국을 위해 여러분이 무엇을 할 수 있을 것인가를 물으십시오.
>
> John F. Kennedy의 "Inaugural Address" 중에서

## 영작문 필수 구조

### 등위접속사

두 개의 문장을 하나의 문장으로 연결을 하여 줍니다.

항상 문법적으로 서로 같은 성격의 단어, 구(phrase), 절(clause)을 연결하여 줍니다.

> **종류와 도식**
> 종류 : but, or, so, for, and
> 도식 : S + V, (and, so, for, but, or) S + V.

## 영작문 필수 예문

• major in 전공하다

• literature 문학

• solve 풀다

□ Jenny majors in mathematics.

　Jenny는 / 전공한다 / 수학을

□ Jenny majored in mathematics, **and** she taught him mathematics.

　제니는 / 전공했다 / 수학을, 그리고 / 그녀는 / 가르쳤다 / 그에게 / 수학을

□ Jenny majored in mathematics, **but** she changed her major into English literature.

　제니는 / 전공했다 / 수학을, 그러나 / 그녀는 / 바꾸었다 / 그녀의 전공을 / 영문학으로

□ Jenny majored in mathematics, **so** she became a math teacher.

　제니는 / 전공했다 / 수학을, 그래서 / 그녀는 / 되었다 / 수학선생님이

□ Jenny majored in mathematics, **for** she liked to solve math questions.

　제니는 / 전공했다 / 수학을, 왜냐하면 / 그녀는 / 좋아했다 / 푸는 것을 / 수학문제를

□ Major in mathematics, **and** you will get a good job.

　전공해라 / 수학을, 그러면 / 너는 / 잡을 거야 / 좋은 직업을

□ Major in mathematics, **or** you will not get a good job.

　전공해라 / 수학을, 그렇지 않으면 / 너는 / 잡지못 할 거야 / 좋은 직업을

다음 스토리를 읽고 영어로 써보세요. Step 1을 먼저 해 보신 후, 다음 페이지의 영작 연습과 스토리 쓰기 구조 분석을 해 본 후 Step 2를 해보세요. 늘어나는 영작문 실력을 금방 확인할 수 있습니다!

- foreigner 외국인
- the way of life 생활 방식
- useful 유익한
- relationship 관계

▶ 외국인과 더 좋은 의사소통을 위하여, 당신은 그들의 문화와 생활 방식을 이해하여야 한다. 그러면 외국인과의 만남은 더욱더 좋아진다. 이런 경우에, 당신은 그들과 더 좋은 관계를 가질 수 있다.

### Step 1 혼자서 써보기

---

---

---

---

---

---

➜ step 2는 다음 페이지의 '영작연습'과 '스토리 구조 분석'을 해본 후 다시 써 보세요. 또는 정답을 옮겨 써 보세요.

### Step 2 다시 한번 써보기

---

---

---

---

---

---

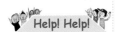

- expensive 비싼
- be late 늦다
- miss 놓치다
- hurry up 서두르다
- conference 회의

**Step 1** 다음 문장을 영어식 구조를 참고하여 영어로 써보세요.

(1) Sarah는 부자이고 그녀는 비싼 집에서 산다.

→ _____

> 영어식 구조  Sarah는 / 부자이다, 그리고 / 그녀는 / 산다 / 비싼 집에서

(2) Susan은 버스를 놓쳤기 때문에 학교에 늦었다.

→ _____

> 영어식 구조  Susan은 / 늦었다 / 학교에, 왜냐하면 / 그녀는 / 놓쳤다 / 버스를

(3) 나의 여동생은 어렸으나 그녀는 그 일을 끝냈다.

→ _____

> 영어식 구조  나의 여동생은 / 어렸다, 그러나 / 그녀는 / 끝냈다 / 그 일을

(4) 서둘러라, 그렇지 않으면 너는 그 회의에 참여할 수 없다.

→ _____

> 영어식 구조  서둘러라, 그렇지 않으면 / 너는 / 참여할 수 없다 / 그 회의에

**Step 2** 다음 문장을 영어식 구조를 생각한 후 영어로 써보세요.

- miss 놓치다

(1) 나의 여동생은 그 문제를 풀려고 노력을 했으나 그녀는 그것을 못 풀었다.

→ _____

(2) 나의 남동생은 열심히 공부를 해서 그 시험에 합격했다.

→ _____

(3) 그 소년은 그 문제를 해결해서 TV 세트를 받았다.

→ _____

(4) 그 소녀는 그 기차를 타려고 열심히 달렸으나 그녀는 기차를 놓쳤다.

→ _____

다음 문장은 스토리 쓰기에 나오는 문장들입니다. 영어식 구조를 생각하며 문장을 만들어 본 후, 스토리 쓰기의 Step 2를 해 보세요.

▶ 당신은 그들의 문화와 생활방식을 이해하여야 한다.

→ _____

**영어식 구조** 당신은 / 이해하여야 한다 / 그들의 문화와 / 생활방식을

▶ 외국인과의 만남은 더욱더 좋아진다.

→ _____

**영어식 구조** 만남은 / 외국인과의 / 된다 / 더욱더 좋아진다

▶ 당신은 그들과 더 좋은 관계를 가질 수 있다.

→ _____

**영어식 구조** 당신은 / 가질 수 있다 / 좋은 관계를 / 그들과

### 시험 엿보기

**━ 병렬구조란?**

등위접속사 and, or는 문법적 기능이 같은 구조를 연결합니다.

☐ He is very honest, diligent, and kind.

　그는 / 하다 / 매우 / 정직하고 / 근면하고 / 친절

　→ 보어로서 형용사가 연결되어 있습니다.

☐ He finished doing homework, writing a letter, and sending the letter.

　그는 / 끝마쳤다 / 숙제하고 / 편지를 쓰는 것 / 그리고 / 그 편지를 보내는 것을

　→ 동명사구(phrase)가 연결 되어 있습니다.

☐ He wants to do homework, to write a letter, or to send  the letter.

　그는 / 원한다 / 숙제할 것을 / 편지 쓸 것을 / 혹은 / 그 편지 보낼 것을

　→ to부정사구(phrase)가 연결되어 있습니다.

# 46

# 종속접속사 – 시간, that
## 난 도우미 역할이 더 좋아

Don't count your chickens before they are hatched.
부화되기도 전에, 병아리를 세지마라

"영어속담" 중에서

### 영작문 필수 구조

**종속 접속사**

절(clause)과 절(clause)을 연결하는 접속사입니다.

시간을 나타내는 접속사

| | | |
|---|---|---|
| as ~ 때 | when ~ 때 | as soon as ~ 하자마자 |
| while ~동안 | after ~ 후에 | before ~전에 |
| until ~ 까지 | till ~ 까지 | since ~ 이래로 |

> **종속절을 나타내는 접속사**
> □ Jenny discusses the problem.
>    제니는 / 토론한다 / 그 문제를
> □ as Jenny discusses the problem
>    때 / Jenny가 / 토론할 / 그 문제를
> □ as soon as Jenny discusses the problem
>    하자마자 / Jenny가 / 토론 / 그 문제를
> □ when Jenny discusses the problem
>    때 / Jenny가 / 토론할 / 그 문제를
> □ after Jenny discusses the problem
>    한 후에 / Jenny가 / 토론 / 그 문제를
> □ before Jenny discusses the problem
>    전에 / Jenny가 / 토론하기 / 그 문제를
> □ that Jenny discusses the problem
>    Jenny가 토론하는 것 / 그 문제를

### 영작문 필수 예문

• discuss 토론하다

• asleep 잠이 들다

• information 정보

□ **After** Jenny discussed the problem, she felt asleep.
   한 후에 / Jenny가 / 토론 그 문제를, 그녀는 / 잠이 들었다

□ **Before** Jenny discussed the problem, she got much information about it.
   전에 / Jenny가 / 토론 그 문제를, 그녀는 / 모은다 / 많은 정보를 / 대해 / 그것에

□ **That** Jenny discusses the problem is very important.
   Jenny가 토론하는 것은 / 그 문제를 / 하다 / 매우 중요한

다음 스토리를 읽고 영어로 써보세요. Step 1을 먼저 해 보신 후, 다음 페이지의 영작 연습과 스토리 쓰기 구조 분석을 해 본 후 Step 2를 해보세요. 늘어나는 영작문 실력을 금방 확인할 수 있습니다!

- stage 무대
- fall asleep 잠이 들다
- finish 끝마치다
- theater 극장
- respect 존경하다
- active 활동적인

▶ 무대 위에서 Lisa가 노래를 하는 동안, 그녀의 부모님들은 잠이 들었다. 그러나 Lisa 는 실망하지 않았다. Lisa는 부모님을 매우 존경했다. 그녀가 어렸을 때, 그들은 그녀 에게 그녀의 모든 일에 능동적이도록 격려했다. 그녀는 자기의 꿈을 이루려고 열심히 일하고 연습했다. 그녀는 그녀의 목표를 이루었고, 부모님을 기쁘게 만들었다.

### Step 1 혼자서 써보기

→ step 2는 다음 페이지의 '영작연습'과 '스토리 구조 분석'을 해본 후 다시 써 보세요. 또는 정답을 옮겨 써 보세요.

### Step 2 다시 한번 써보기

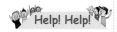 Help! Help!

- strange 이상한

**Step 1** 다음 문장을 영어식 구조를 참고하여 영어로 써보세요.

(1) 그가 일어났을 때, 태양은 이미 떠 있었다.

→ _____

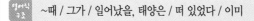 ~때 / 그가 / 일어났을, 태양은 / 떠 있었다 / 이미

(2) 날씨가 안 좋았기 때문에, 그들은 집에 머물렀다.

→ _____

~ 때문에 / 날씨가 / 안 좋았기, 그들은 / 머물렀다 / 집에

(3) 그녀가 거기에 갔을 때, 그는 이미 일본으로 가버렸다.

→ _____

~때 / 그녀가 / 갔을 / 거기에, 그는 / 가 버렸다 / 일본에 / 이미

(4) 그가 책을 읽고 있는 동안, 그는 이상한 소리를 들었다.

→ _____

~동안 / 그가 / 읽고 있는 / 책을, 그는 / 들었다 / 이상한 소리를

**Step 2** 다음 문장을 영어식 구조를 생각한 후 영어로 써보세요.

- stay 머무르다
- advice 충고
- pass 흐르다

(1) 그가 되돌아 올 때까지 기다려라. (부사절 – 미래시제가 현재시제로 쓰임)

→ _____

(2) 비가 그칠 때까지 집에 머물러라.

→ _____

(3) 너는 서울로 떠나기 전에 아버지의 충고를 따라야만 한다.

→ _____

(4) 그가 서울로 떠난 이래로 5년이 지났다.

→ _____

다음 문장은 스토리 쓰기에 나오는 문장들입니다. 영어식 구조를 생각하며 문장을 만들어 본 후,
스토리 쓰기의 Step 2를 해 보세요.

▶ 무대 위에서 Lisa가 노래를 하는 동안, 그녀의 부모님들은 잠이 들었다.

→ _____

 동안 / Lisa가 / 노래를 하는 / 에서 / 무대 위, 그녀의 부모님들은 / 잠이 들었다

▶ 그녀는 그녀의 목표를 이루었고, 부모님을 기쁘게 만들었다.

→ _____

 그녀는 / 이루었고 / 그녀의 목표를 / 그리고 / 만들었다 / 그녀의 부모를 / 기쁘게

 시험 엿보기

─ 명사절(clause), 형용사절(clause), 부사절(clause)은 어떻게 구별하나요?

우선 영어는 위치 언어란 것을 이해하면 됩니다. 어떤 단어, 구(phrase), 절(clause)등이 문장에서
어떤 위치에 있느냐에 따라서 그것들의 역할은 각각 달라집니다.

□ He finishes the work.
   그는 / 끝마친다 / 그일을
□ When he finishes the work, I will go out.
   때 / 그가 / 끝마칠 / 그 일을, 나는 / 나갈거야 / 밖으로
   → 부사절(clause) 미래시점을 현재시점으로 쓰고 있습니다.
□ Do you know the time when he will finish the work? – 형용사절
   너는 / 아느냐 / 그 시간을 / 언제 / 그가 / 끝마칠지 / 그 일을
   → when 이하의 절(clause)이 명사 the time을 수식하여 줌으로 형용사 역할을 하고 있습니다. 미래
      시점을 쓰고 있습니다.
□ Do you know when he will finish the work? – 명사절
   너는 / 아느냐 / 언제 / 그가 / 끝마칠지 / 그 일을
   → when 이하의 절(clause)이 동사 know의 목적어 역할을 하고 있습니다. 미래시점을 씁니다.

# 종속접속사 – 이유, 가정, 양보
## 우린 도우미 – 주절을 멋지게

> We've been meeting here everyday. And since this is our last day together I wanna hold you just one more time
> 우린 여기서 매일 만나곤 했죠. 그리고 이것이 우리의 마지막 만남이기에, 한번만 더 당신을 안아보고 싶어요.
>
> 팝송 "Kiss and Say Goodbye" 중에서

### ▥ 영작문 필수 구조

**종속접속사**

두 개의 문장을 연결해 주는 접속의 기능을 합니다.
접속사가 있는 절은 부사절이 되고, 나머지는 주절이 됩니다.

> **종속 접속사의 종류와 의미**
> 이유 접속사 : because, as, since
> 가정 접속사 : if
> 양보 접속사 : though, even though, although
> 어떤 원인에 대해서, 예상하지 못한 내용이나 결과가 나왔을 때 쓰는 표현입니다.

### ▥ 영작문 필수 예문

• grade 성적
• award 상

□ (Base form) Jenny got good grades.

□ **because** Jenny got good grades
 때문에 / Jenny가 / 받아서 / 좋은 성적을

□ **although** Jenny got good grades
 비록 / Jenny가 / 받았어도 / 좋은 성적을

□ **if** Jenny got good grades
 만약 / Jenny가 / 받는다면 / 좋은 성적을

□ **even though** Jenny got good grades
 비록 / Jenny가 / 받았어도 / 좋은 성적을

□ **Although** Jenny got good grades, she worked more.
 비록 / Jenny가 / 받았어도 / 좋은 성적을, / 그녀는 / 공부했다 / 더 많이

□ **If** Jenny got good grades, she would receive the award.
 만약 / Jenny가 / 받는다면 / 좋은 성적을, / 그녀는 받을 텐데 / 그 상을

□ **Because** Jenny got good grades, her mom became happy.
 때문에 / Jenny가 / 받아서 / 좋은 성적을, / 그녀의 엄마는 / 되었다 / 행복하게

다음 스토리를 읽고 영어로 써보세요. Step 1을 먼저 해 보신 후, 다음 페이지의 영작 연습과 스토리 쓰기 구조 분석을 해 본 후 Step 2를 해보세요. 늘어나는 영작문 실력을 금방 확인할 수 있습니다!

• take care of 돌보다

• seed 씨

• provide 제공하다

• oxygen 산소

• carbon dioxide 이산화탄소

▶ 나무들은 사람들과 동물들에게 매우 중요하기 때문에 사람들은 나무를 돌보아야 한다. 어떤 동물들은 그들의 둥지를 나무 안에 만든다. 사람들과 동물들은 나무에서 온 과일과 씨들을 먹는다. 또한 나무들은 산소를 생산하고 공기를 깨끗이 유지한다. 나무들은 공기로부터 이산화탄소를 받아들이고 산소를 배출한다. 만약 나무가 사라진다면, 사람들과 동물들은 살 수 없다. 함께 나무를 심자.

### Step 1 혼자서 써보기

---
---
---
---
---
---

→ step 2는 다음 페이지의 '영작연습'과 '스토리 구조 분석'을 해본 후 다시 써 보세요. 또는 정답을 옮겨 써 보세요.

### Step 2 다시 한번 써보기

---
---
---
---
---
---

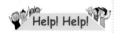
Help! Help!

• expensive 비싼
• disappointed 실망한

**Step 1** 다음 문장을 영어식 구조를 참고하여 영어로 써보세요.

(1) 그는 부유했기 때문에, 그는 나에게 약간의 돈을 줄 수 있다.

→ _____

영어식
구조   ~때문에 / 그는 /부유했기, 그는 / 줄 수 있다 / 나에게 / 약간의 돈을

(2) 그가 그 시험에서 떨어져서, 그의 어머니는 실망했다.

→ _____

영어식
구조   ~서 / 그가 / 떨어져 / 그 시험에, 그의 어머니는 / 실망했다

(3) 그는 그 소식에 만족했기 때문에, 그는 많은 선물을 나에게 주었다.

→ _____

영어식
구조   ~ 때문에 / 그는 / 만족했기 / 그 소식에, 그는 / 주었다 / 나에게 / 많은 선물을

(4) 비록 그는 어리지만, 현명하다.

→ _____

영어식
구조   비록 / 그는 / 어리지만, 그는 / 현명하다


**Step 2** 다음 문장을 영어식 구조를 생각한 후 영어로 써보세요.

(1) 비록 그 숙녀는 부유하지만, 그녀는 작은 집에서 산다.

→ _____

(2) 만약 그가 2시까지 여기에 오면, 그는 그 책을 받을 것이다.

→ _____

(3) 만약 그녀가 그 문제를 푼다면, 그녀는 그 상을 받을 것이다.

→ _____

(4) 그녀는 영어를 잘 말하기 때문에, 그녀는 어느 나라도 방문할 수 있다.

→ _____

다음 문장은 스토리 쓰기에 나오는 문장들입니다. 영어식 구조를 생각하며 문장을 만들어 본 후,
스토리 쓰기의 Step 2를 해 보세요.

▶ 왜냐하면 나무들은 사람들과 동물들에게 매우 중요하니까.

→ _____

> **영어식 구조** 왜냐하면 / 나무들은 / 매우 중요하니까 / 사람들과 / 동물들에게

▶ 또한 나무들은 산소를 생산하고 공기를 깨끗이 유지한다.

→ _____

> **영어식 구조** 또한 / 나무들은 / 생산하고 / 산소를 / 그리고 / 유지한다 / 공기를 / 깨끗이

▶ 나무들은 공기로부터 이산화탄소를 마시고 산소를 배출한다.

→ _____

> **영어식 구조** 나무들은 / 마시고 / 이산화탄소를 / 공기로부터 / 그리고 / 배출한다 / 산소를

시험 엿보기

━ **미국인이나 영국인 중 문장의 5형식을 염두에 두면서 말을 하거나 글을 쓰는 사람은 거의 없습니다.**
그러나 그들은 그 다섯 가지 형식에 어긋남 없는 영어를 사용 합니다. 왜 그럴까요. 그들은 어릴 때
부터 영어의 바다 속에 살면서 그것을 이용하다 보니 문장의 형식이 자연스럽게 익혀 진 것이지요.
5형식이란 말을 몰라도 5형식에 맞게 영어를 말할 수 있으니, 따로 한국인이 영어를 배우는 것처럼
문법을 배우지는 않습니다. 숫자까지 붙여 가며 5가지 형식의 이름이나 순서를 외는 건 중요하지
않습니다. **정말 중요한 건 문장이 만들어지는 원리를 배우는 것입니다.**

주제 : 몸과 정신을 건강하게 하는 조깅

조깅은 우리의 몸과 마음을 건강하게 유지하기에 좋다.

우리는 거리에서 많은 조깅하는 사람들을 볼 수 있다. 사람들은 왜 조깅을 좋아할까?

첫 번째, 그것은 우리의 몸을 건강하게 유지시켜준다. 조깅을 통한 육체적인 활동이 우리의 신체적인 힘을 증진시킨다.

둘째, 그것은 사람들의 마음에 안정을 준다. 조깅을 하는 동안 신선하고 깨끗한 공기를 마시는 것은 사람들을 더 평화롭게 만들도록 도와준다. 그래서 그것은 사람들에게 행복을 가져온다. 그것은 더 좋은 삶을 위해 필수적이며, 그것은 사람들이 몸과 마음을 건강하게 유지하는데 있어서 쉬운 지름길이다.

| 어휘 | |
|---|---|
| • **body** 몸 | • **peaceful** 안정 |
| • **mental** 정신적인 | • **fresh** 신선한 |
| • **keep** 유지시키다 | • **necessary** 필수적인 |
| • **activity** 활동 | • **a short cut** 지름길 |

### Tips ■ Essay 구성 원칙

Main idea(주제문) → Support(주제문 뒷받침) → Conclusion(결론)

첫 번째, 주제를 뒷받침해주는 main idea를 작성 합니다.

두 번째, 이 주제문을 뒷받침하여 주는 문장을 2 ~ 3개 작성 합니다.

마지막으로 주제문을 다시 강조해주는 문장을 만들어 주는 것이 essay의 기본 구조입니다.

\*

위 문장을 예를 들면, 몸과 정신을 건강하게 하는 조깅을 main idea로 정했습니다. 이를 뒷받침하여 주는 문장이 나와야겠지요. 조깅은 육체적으로 정신적으로 사람을 건강하게 한다는 예문을 들었습니다. 그래서 조깅은 삶에서 필수적이라고 결론을 내렸습니다.

# Be The Best of Whatever You Are

Douglas Malloch

If you can't be a pine on the top of the hill,

Be a scrub in the valley-but be

The best little scrub by the side of the rill;

Be a bush if you can't be a tree.

If you can't be a bush be a bit of the grass,

And some highway happier make;

If you can't be a muskie then just be a bass-

But the liveliest bass in the lake!

We can't all be captains, we've got to be crew,

There's something for all of us here,

There's big work to do, and there's lesser to do,

And the task you must do is the near.

If you can't be a highway then just be a trail,

If you can't be the sun be a star;

It isn't by size that you win or you fail-

Be the best of whatever you are!

단문쓰기는 NO! 스토리 쓰기를
매일 계획적으로 학습하고 에세이 라이팅까지 따라잡기!

# PLAN
# Story
# Writing

해설집

이형필 · Steve Chong(정하종) 공저
Chester, J.sleezer 감수

랭기지플러스

단문쓰기는 NO! 스토리 쓰기를
매일 계획적으로 학습하고 에세이 라이팅까지 따라잡기!

# PLAN®
# Story
# Writing

이형필 · Steve Chong(정하종) 공저
Chester, J.sleezer 감수

해설집

랭기지플러스

# Appendix & Key Answer
## 부록 및 정답

## ■ 영작문에 필요한 연결사 종류 및 의미

문장을 쓰거나 Essay를 쓸 때 가장 많이 쓰이는 단어들을 중심으로 편성을 하였습니다. 이러한 단어들을 이용할 경우 글이 간결해 지고 앞뒤 문맥을 더 효과적으로 만들어 줍니다.

### 01 도입 부분

- at first 먼저
- first of all 우선
- to begin with 우선

### 02 시간관련

- at last 결국
- immediately 즉시, 당장
- lately 최근에
- later 나중에, 그 후에
- soon 곧
- then 그 때

### 03 사건의 순서

- first 첫째
- second 둘째
- third 셋째
- next 다음으로
- then 그때
- later 나중에
- finally 결국

### 04 결과

- as a result 결과로써
- consequently 결과적으로
- in short 간단히 말해
- therefore 그래서, 결국
- thus 그래서, 결국

### 05 결론, 요약

- after all 결국
- at last 결국
- briefly 간단히 말하면
- finally 결국
- in conclusion 결과적으로
- in short 간단히 말하면
- thus 결국, 그래서

### 06 강조

- definitely 확실히
- in fact 사실
- particularly 특히

## 07 인과관계

- because ~때문에
- due to ~ 때문에 (전치사)
- since ~때문에

## 08 대조

- although ~에도 불구하고
- despite (전치사) ~에도 불구하고
- but 그러나
- however 그러나
- on the contrary 반면에
- on the other hand 반면에
- though ~에도 불구하고
- whereas 반면에
- yet 그러나

## 09 추가

- also 또한
- as well as ~외에도
- besides 게다가
- furthermore 게다가
- moreover 게다가, 더구나

## 10 예

- for example 예를 들면
- for instance 예를 들면
- like ~처럼
- namely 즉
- such as ~와 같은 것

■ **영작문에 필요한 기호**(punctuation)

**구두법**(punctuation) : 글을 쓸 때의 여러 가지 부호의 사용을 구두법이라고 한다. 피리어드, 콤마 따위 의 부호를 구두점이라고 합니다.

(1) **마침표**(Period ) : 평서문, 명령문 문장 끝에 사용하며 생략된 낱말에 찍는다.
Tom is coming here tomorrow.
Prof.(= Professor)
Co. (= company)

(2) **의문부호**(Question mark) : 의문문의 끝에 사용한다.
Could you do me a favor?

(3) **감탄부호**(Exclamation mark) : 감탄문의 끝에 나타낸다.
How beautiful she is!

(4) **콤마**(comma) : 문장 구성 요소의 단락을 나타낸다.
He enjoys watching movies, reading books and hiking.
When I finish the work, I will go out.

(5) **하이픈**(hyphen) : 복합어에 쓰인다.
passer-by (통행인), sister-in-law (시누이)

(6) **대문자 사용**(Capitalization) : 문장의 시작과 고유명사에 쓴다.
How about you?
Tom
Korea

# Part 1 문장형식

## Unit 01 문장구조1

### Story writing

Suji writing well in English reads many books. She learns the way to write by reading books. To read many books, she always arrives at the library on time. Reading is stepping stones in her life.

### 영작연습 1

❶ The lady ran to the theater to watch the movie.
❷ Everybody arrived at the station on time except for Tom.
❸ David went to the theater to get the early bird discount.
❹ Jack went to the airport to see off Chris.

### 영작연습 2

❶ There is a book on the desk.
❷ He lies on the grass.
❸ The lady left for Seoul by bus.
❹ My brother comes here tomorrow.

## Unit 02 문장구조2

### Story writing

Lisa has been working for my company for five years as a manager. She always looks happy and honest. She has many good qualities. Her strongest point is that she makes people feel calm and relaxed. She makes every person active. I want her to be a good leader in my company.

### 영작연습 1

❶ Your strong point is to read (reading) many useful books.
❷ My duty is to play (playing) soccer on the ground every Sunday.
❸ Lisa's job is to repair (repairing) watches in a department store.
❹ This food tastes sweet.

### 영작연습 2

❶ His mother looks happy.
❷ This dress feels soft.

❸ Your story sounds interesting.
❹ Your goal will come true after five years if you work hard.

## Unit 03 문장구조3

### Story writing

I enjoyed playing baseball last year. However, these days I enjoy watching baseball games on TV. I had my left leg broken last year, so I gave up playing baseball. I have learned the rules of baseball by watching baseball games on TV. Someday I am going to to be an umpire. I will try to make baseball games more exciting.

### 영작연습 1

❶ I borrowed a book about turtles.
❷ I remember the boy who sent me a letter.
❸ I want to listen to music after dinner.
❹ Nicol likes to read books.

### 영작연습 2

❶ The girl ate very delicious food with her friends.
❷ I saw a baby sleeping with mom.
❸ I think that he is honest.
❹ He found the book on the bookshelf.

## Unit 04 문장구조4

### Story writing

Lisa, my aunt, sent me a lot of gifts. There were many magazines written in English among the gifts. I read them she sent me. She wanted me to be a novelist. Therefore, I read many books to be a good novelist. The books that I read helped to give me the knowledge to write well. I have edited articles in a newspaper company for twenty years.

### 영작연습 1

❶ I gave Jackson a gift.
❷ I sent a gift to my mom.
❸ I bought a toy for Suji.
❹ I lent a book to my friend.

### 영작연습 2

❶ Mike asked Tom a question.
❷ I lent Jason a book.

❸ Tom read my mother the book.
❹ I bought Suji a doll as a birthday gift.

## Unit 05 문장구조5

### Story writing
Tom wanted to make his mother happy for Mother's Day. He planned to prepare dinner by himself and serve it to his mother. But he had no idea what to prepare for dinner. So he checked internet sites, and found a recipe. It helped him to cook delicious food. He made his mother pleased.

### 영작연습 1
❶ We found the house empty.
❷ He helped me (to) build a house for poor people last year.
❸ I allowed her to watch movies once a week.
❹ Tom asked me to build a house.

### 영작연습 2
❶ Jack recommended his brother to apply to the company.
❷ The doctor advised the patient to exercise every day.
❸ My teacher ordered us to raise our right hands.
❹ Tom had his letter sent by the mail carrier.

### Essay Writing
Subject: The importance of skin
Skin plays an important role in our body.
First, it prevents our body from getting diseases. If we didn't have skin, viruses and bacteria could easily get into our bodies. If that happened, these viruses and bacteria could make many diseases inside our bodies.
Second, it stores water and blood for our bodies. Water and blood are necessary factors to keep our bodies healthy. If we didn't have skin, water and blood get out of our bodies. Therefore, we all have to take good care of our skin.

# Part 2 명사류 Ⅰ

## Unit 06 명사류 및 문장에서의 역할

### Story writing
Computers play important roles in our daily life. They are used for writing and teaching. And computers are widely used as communication tools. By using computers, we enjoy websites and exchange e-mail messages. And we can contact news more quickly than newspaper at any time and in any places.

### 영작연습 1
❶ Cooking (to cook) is my hobby.
❷ I enjoy cooking.
❸ That Jenny works hard is true.
   = It is true that Jenny works hard.
❹ I know where Jenny works hard.

### 영작연습 2
❶ I know why Jenny works hard.
❷ Jenny put off meeting Tom.
❸ Writing in English is not difficult.
❹ To understand the way is important.

## Unit 07 동사를 명사로 역할 변경하기

### Story writing
Mobile phones are very convenient tools. I can't live without them. But we don't keep etiquette when we use them in a public area. It is very impolite. We have to keep etiquette in a public area.

### 영작연습 1
❶ Taking a walk is my hobby.
❷ He delayed taking a walk every morning.
❸ I believe that he takes a walk every morning.
❹ My hobby is taking a walk every morning.

### 영작연습 2
❶ Tom stopped taking a walk every morning.
❷ Tom expects to take a walk every morning.
❸ That Tom takes a walk every morning made me happy.
❹ Taking a walk every morning is good for my health.

## Unit 08 to 부정사 구

### Story writing

Tom gets up early in the morning to jog. He wants his wife to play the piano to wake up his children. The sound of her playing the piano makes his children get up naturally. My neighbors watch his family jog on the street. His family has jogged in the morning every day for one year. Try to jog with your family, and you will begin a happy day like him.

### 영작연습 1

❶ To read many books for the future is useful.

❷ To keep good friendship is important.

❸ Anna's job is to ask people to buy the products.

❹ Anna wants her husband to take care of her baby every Sunday.

### 영작연습 2

❶ Jenny's job is to press magazines in this company.

❷ Anna's job is to guide tourists in a museum.

❸ I enjoy reading books in a library every Sunday.

❹ My goal is to learn the way to ride a bike.

## Unit 09 동명사 구

### Story writing

Getting up early is a good habit. Going to bed early is important, too. People have to sleep for eight hours a day. If they don't sleep well at night, they can't work well during the day time. To work well, people have to have a good mental and physical condition. Sleeping well at night helps people remain active and keep a good mental and physical condition.

### 영작연습 1

❶ Playing the guitar every morning makes me fresh.

❷ Swimming in this river is very dangerous.

❸ Tom enjoys listening to music before going to bed.

❹ Tom avoided going there.

### 영작연습 2

❶ I enjoyed fishing in this river.

❷ My hobby is swimming in this river with friends.

❸ I avoided climbing the mountain with Jane.

❹ My hobby is collecting and selling foreign stamps.

## Unit 10 동사의 기능 변화 만들기

### Story writing

It is true that many children want to be knights. I tell you the reason why many children think knights as their hero. Knights were riding the best horse and wearing shinning armor. Many children have always been fascinated by the image of knights. Many children know that they always fought for justice against evil.

### 영작연습 1

❶ To attend the meeting is the lady's duty.

❷ The lady likes attending the meeting.

❸ Do you know why the lady attends the meeting?

❹ I don't know the time when the lady attends the meeting.

### 영작연습 2

❶ Saving much money is my duty.

❷ Victor gave up saving much money.

❸ Jason's duty is to save much money.

❹ Tell me how Tom saves much money.

### Essay Writing

Subject: The benefit of trees in the cities

Trees in the cities give us a lot of benefits.

First, trees give us a beautiful view and improve our personal health. They improve our environment and the quality of our lives. They help to make cities beautiful. They provide us with colorful flowers and many beautiful shapes.

Second, they influences our emotions and provide us with psychological benefits. A healthy forest is an essential element for humans to keep themselves healthy. When we see a view of trees, we feel calm and peaceful.

Therefore, we have to plant and take care of trees to improve our health and mental condition.

# Part 3 명사류 II

## Unit 11 절을 명사의 역할로 변형하기

### Story writing

Jenny went to the kitchen. Mom was cooking food and greeted her. Jenny hugged her mom. Mom giving endless love to Jenny felt happy. It was the reason why Jenny and mom liked each other.

### 영작연습 1

❶ I believe that she plays the piano well.
❷ Tell me whether she plays the piano well or not.
❸ Tell me why she plays the piano well.
❹ I know when she plays the piano.

### 영작연습 2

❶ I know where she plays the piano.
❷ I want to learn how she plays the piano well.
❸ The reason why Tom keeps a diary in Korean is to learn Korean well.
❹ That Tom keeps a diary in Korean is surprising.

## Unit 12 that 절

### Story writing

It is very important and useful job that people write books. Jenny has written many books about animals for twenty years. The books written by her are well known to people. To protect animals, she donates a lot of money to the committee. She works hard to save many animals.

### 영작연습 1

❶ That he is honest is true.
❷ That he completed the difficult work is surprising news.
❸ I know that he is honest.
❹ The news that he became a doctor made me happy.

### 영작연습 2

❶ The fact is that he passed the test.
❷ His mother's goal is that he studies hard.
❸ That she went to the mountain is true.
❹ I heard that she went to the mountain.

## Unit 13 절을 이용한 영작연습

### Story writing

People have used the dandelion for food. The fact that people have used dandelions for food in some countries is true. Dandelions have a lot of vitamin A and C. The most useful parts of the dandelion are the leaves. When the leaves are soft, some people cook them. Even the yellow flowers can be eaten. The roots can be cooked and eaten, too. I want to develop how people cook them well.

### 영작연습 1

❶ I know why she lives in a small city.
❷ I wonder why she lives in a small city.
❸ I want to know how she lives in a small city.
❹ I know where he met her.

### 영작연습 2

❶ Whether she washes the window or not is important.
❷ I asked the man why she broke the window.
❸ The problem is that she broke the window in the morning.
❹ I know when she broke the window.

## Unit 14 한 개의 문장으로 다양한 문장 만들기

### Story writing

In 1970, Spencer Silver, a scientist for 3M, tried to invent super strong glue, but he failed to make it. Instead, he made strange glue. The strange glue was also sticky, but it was not too sticky. It was even weaker than what 3M already made. It stuck to an object, but could easily be removed.

### 영작연습 1

❶ Minsu reads an English newspaper to learn English.
❷ Do you know why Minsu learns English?
❸ Do you know the time when Minsu learns English?
❹ I will hire Minsu whether he learns English or not.

### 영작연습 2

❶ It is very important whether Minsu learns English or not.
❷ Minsu enjoys learning English.
❸ Minsu wants Jinyoung to learn English every day.
❹ You have to learn how Minsu learns English.

## Essay Writing

Subject: Different customs between westerners and Koreans

Every race has its own different traditional customs. Korean people celebrate a lunar New Year holiday. They respect their ancestors very much. They go to their ancestors' tombs to take care of them. However, western people celebrate a Solar New Year holiday. They seldom go to their ancestors' tombs to take care of them.

Western people throw rice at brides and bridegrooms after their wedding ceremony. They think rice is a symbol of wealth, health, and happiness. On the other hand, Korean people don't throw rice at the brides and bridegrooms. This is because rice is an important crops to Koreans.

To understand western people, we Koreans have to understand their customs well.

# Part 4 동사류 I

### Unit 15 동사의 역할과 기능의 변화

## Story writing

The novel was written by Jenny. She had spent two years writing the novel. The subject of the novel was about the relationships between nature and people. She wrote the importance of environment in the book, too. She wanted the novel to make readers impressed.

### 영작연습 1

❶ Reading English books is a good way to learn English well.

❷ I enjoy reading English books.

❸ I went to the library to read English books.

❹ Sujin reading English books speaks English well.

### 영작연습 2

❶ He spent many hours reading books.

❷ You can improve your vocabulary by reading English books.

❸ The teacher asked me to read English books.

❹ I knew why he read English books.

### Unit 16 동사의 12 시제

## Story writing

The 63 Building is known to Koreans well. It is a very tall building. It is a sixty three-story building. It was designed by a Korean company about thirty years ago. This building showed off the skill of Korean architecture to the world.

### 영작연습 1

❶ She made a doll.

❷ She will make a doll.

❸ She is making a doll.

❹ She was making a doll.

### 영작연습 2

❶ He has made a doll.

❷ He had made a doll.

❸ He will have made a doll.

❹ He has been making a doll.

## Unit 17 각 시제의 역할 – 현재, 과거, 미래

### Story writing

When Lisa was a child, her family was very poor. But she enjoyed music. She joined her school choir. She surprised teachers and students with her beautiful voice. She could learn singing lessons. Now she is known to all over the world as a famous singer. Next year she is going to have a concert in Seoul.

### 영작연습 1

❶ Tom finished the assignment.

❷ Tom will finish the assignment.

❸ Tom is finishing the assignment.

❹ Tom was finishing the assignment.

### 영작연습 2

❶ He will be doing the assignment tomorrow.

❷ He is going to leave for Seoul tomorrow.

❸ He comes to Seoul from New York tomorrow.

❹ If he comes to me tomorrow, I will give him this book.

## Unit 18 각 시제의 역할 – 완료시제

### Story writing

Tom has lived in Los Angeles for a year. It is very attractive city to live in. Because it is located in the coast of Pacific Ocean, it has many peaceful beaches. Therefore, he likes living in Los Angeles. When he has pleasant time with his wife on a beach, he feels happy. His hobby is traveling. Also, he has been to Hawaii twice.

### 영작연습 1

❶ When I arrived at the theater, the movie had ended already.

❷ I gave mom the cake she had made.

❸ If I read this book once more, I will have read it three times.

❹ When I met him, he had lived in this city for five years.

### 영작연습 2

❶ I gave him the radio I had bought last year.

❷ He bought the house where the actor had lived.

❸ If I visit him tomorrow, he will have finished his homework.

❹ She has finished the work already.

### Essay Writing

Subject: Various kinds of greeting in the world
Greeting people well is very important in every country and race. Every country has its own customs for greeting others. European men and women commonly shake hands when they meet for the first time. On the other hand, Arab countries men never shake hands with women that they are not related to. In Korea, people bow to each other. Therefore, when Koreans visit foreign countries, they have to consider other countries' customs to be good with foreigners.

# Part 5 동사류 Ⅱ

## Unit 19 동사의 변형

### Story writing

Juliet always has lunch at one o'clock in the afternoon. She finishes doing her work at 12:50. She has a break from one o'clock to two o'clock. She has worked for this company for three years. She was hired three years ago. She likes working for this company. She will have worked for this company for four years by May of next year.

### 영작연습 1

❶ Jane put off playing the violin.
❷ Playing the violin every morning is enjoyable to me.
❸ I want Jane to play the violin every morning.
❹ I bought a violin to play every morning.

### 영작연습 2

❶ Jane has played the violin for ten years.
❷ Jane playing the violin is my girl friend.
❸ I asked Jane to play the violin.
❹ Jane is used to playing the violin.

## Unit 20 조동사의 역할과 현재, 과거의 추측

### Story writing

Computers are used to run machines and factories. They are also used for writing and teaching. And computers are widely used as communication tools. By using computers, we exchange e-mail messages. Computers must have been a necessary thing to every person.

### 영작연습 1

❶ She may be at home.
❷ She can be at home.
❸ She must be at home.
❹ She can't be at home.

### 영작연습 2

❶ She may have been late for school yesterday.
❷ She can have been late for school yesterday.
❸ She must have been late for school yesterday.
❹ She can't have been late for school yesterday.

## Unit 21 수동태

### Story writing

The house was built near a lake by David last year. It was designed by Kimberly. It looks very peaceful. Beautiful pine trees were planted in the garden. Because the walls of the house were painted white, it looks beautiful. Many people gather to see the house. It was chosen as the most beautiful house in the city.

### 영작연습 1

❶ The doll was made yesterday.
❷ The doll is being made.
❸ The doll will be made by the girl.
❹ The doll has already been made by the girl.

### 영작연습 2

❶ He was looked down on by friends.
❷ A man was run over by a car.
❸ The child is taken care of by the lady.
❹ The light was turned off by the guard.

### Essay Writing

Subject: The importance of Fresh Water
Fresh water is very important for people to live. People use fresh water for drinking, washing, farming and many other things. People drink two to three liters of water every day to keep their bodies healthy. Therefore, fresh water is necessary for people to live. However, about twenty percents of the world's population does not have enough fresh drinking water. They have a lot of difficulty to keep their bodies healthy. Without fresh water, people would have a lot of difficulty to live. Therefore, people should not pollute fresh water.

# Part 6 형용사류 Ⅰ

## Unit 22 형용사와 종류

### Story writing

My manager arrives at my company on time. He always cleans the office before working. He always makes his clients satisfied and has a good relationship with them. His diligence makes him a useful man.

### 영작연습 1

❶ Bring me something interesting.
❷ The house built by the lady is very beautiful.
❸ The boy you love is smarter than my brother.
❹ I believe that she is clever.

### 영작연습 2

❶ Jenny has something interesting.
❷ I think it is interesting.
❸ The lady building the house is my neighbor.
❹ The news made her sad.

## Unit 23 동사를 형용사로 역할 변경하기 1

### Story writing

English has already become an important messenger. However, many Koreans are afraid of speaking English. They try not to make mistakes. Don't be afraid of making mistakes when you speak English with foreigners. They are not concerned about your mistakes. Mistakes help to make your English improve.

### 영작연습 1

❶ Mike has enough money to buy the book.
❷ The place for me to visit is very beautiful.
❸ Mike has a room to study in.
❹ Tom is the rich man to help us.

### 영작연습 2

❶ We have a question to discuss.
❷ I have something to do in the afternoon.
❸ Jason bought many books to read.
❹ I bought a house to live in with my father.

## Unit 24 동사를 형용사로 역할 변경하기 2

### Story writing

Look at Jenny reading books in the library. She follows her mother's words. However, think about when you play computer games alone at home. You are always not satisfied with your job and don't follow your mother's words. Making good plans for yourself and doing them is your important job. It is time for you to get rid of bad habits and start a new life.

### 영작연습 1

❶ The company is looking for a person speaking English well.
❷ They saw birds flying in the sky.
❸ The children playing on the playground like swimming.
❹ The language spoken in America is English.

### 영작연습 2

❶ This is the picture drawn by my child.
❷ The car made in Korea is popular in America.
❸ The house built by me is a five-story building.
❹ The car broken by David was very small.

### Essay Writing

Subject: The importance of all forms of life

People share this planet with other forms of life such as animals and plants. Also people depend on them for food. In fact, both people and they depend on each other to live. The way people and they depend on each other in this planet is called an ecosystem.

On the other hand, more and more the planet where we live is in dangerous condition to people. If one part of an ecosystem is damaged, it hurts people and animals, too. Therefore, people have to take care of other forms of life to live well.

# Part 7 형용사류 II

## Unit 25 관계대명사절

### Story writing

Jason, whose mother lives in America, wants to meet his mother every day. The house which his mother lives in is located by a lake and has a big garden. His mother is going to invite Jason who lives in Seoul. He always watches American TV programs to improve his English. By watching TV, his English ability is improving day by day.

### 영작연습 1

❶ The man whom I met is her friend.

❷ The lady whose husband is a doctor is very grace.

❸ The gentleman who helped me loves my friend.

❹ That lady who is walking with her daughter is my neighbor.

### 영작연습 2

❶ The girl gave me the doll which was made by the boy.

❷ The man who loved her has gone to America.

❸ The man whose hobby is collecting stamps misses her.

❹ The book which was written by her was popular to many people.

## Unit 26 복합관계대명사와 전치사 구

### Story writing

Whatever you have, you have to improve your ability to use it. Whoever praises you, you shouldn't believe all of them. Whomever you believe, you don't have to accept all of their advice. Whosever advice you hear, you should have your own important mottos.

### 영작연습 1

❶ You can meet whomever you know.

❷ Give it to whomever you like.

❸ You may receive whatever you read.

❹ Whichever you have is good to me.

### 영작연습 2

❶ The library at my school has about twenty thousand books.

❷ The vase on the table was made in the nineteenth century.

❸ I read many books about elephants in the library.

❹ They visited the museum to see the traditional Korean houses.

## Unit 27 원급, 비교급, 최상급의 기본

### Story writing

Traveling far away countries and experiencing foreign culture can be a great experience. It can also be confusing to understand their cultures. The most important thing is to keep an open mind to foreign cultures. Remember, everything is not the same wherever you go. Don't think the cultures of your country are more precious than those of other country.

### 영작연습 1

❶ Tom is as smart as Lisa.

❷ She is as wise as Tom in mathematics.

❸ Tom has more books than Lisa.

❹ She is younger than he.

### 영작연습 2

❶ Tom has most books in his class.

❷ She is wisest in mathematics in this school.

❸ The climate of Korea is the mildest among three countries.

❹ The top of the mountain is highest in this area.

### Essay writing

Subject: The importance of English in modern society

English is becoming important more and more in modern society. It is necessary in a business world. The target of companies is to become global companies. Employees have to use English to communicate with foreigners. Therefore, companies seek employees that can speak English well. To have better relationship with foreigners, we have to understand their culture and personalities well. By using English, we can adapt ourselves to globalism. Therefore, we should have enough ability to communicate with foreigners in English.

# Part 8 부사류

## Unit 28 부사의 의미와 역할

### Story writing

Students buy many books to get good grades. Many kinds of books are published. You have to choose and read useful books for yourself because books influence you a lot. The important thing is to choose useful books to read carefully.

### 영작연습 1

1 Juliet solved the problem swiftly and correctly.
2 Juliet wrote Tom a letter happily.
3 Juliet learns Korean to visit Korea.
4 They are now living separately.

### 영작연습 2

1 Tom can jump high.
2 It's a beautifully designed house.
3 I was impressed greatly by the book in the library.
4 I found the book easily in the library.

## Unit 29 양보절 – however, wherever

### Story writing

However cold it is, people have to exercise in the morning. Light exercise in the morning makes people more active. Wherever Tom goes, he exercises in the morning. However tired he is, he runs for an hour every morning. However healthy you are now, you have to exercise every morning for your future.

### 영작연습 1

1 Wherever you drink water, you must drink boiled water.
2 However old you are, you should learn how to live.
3 Whoever laughs at you, you have to finish your work.
4 However many gifts you give her, you can't change her mind.

### 영작연습 2

1 Wherever you live, you should not buy an expensive house.
2 However early you get up, you can't get on the first train.
3 Whoever visits Tom's house, he or she is surprised to see the beautiful garden in it.
4 Whenever her son reads books, she feels happy.

## Unit 30 양보절 – whoever 외

### Story writing

Whoever borrows books from libraries has to return them within three days. Every person has a right to borrow books whenever he or she needs books to read. Every person should not bring whichever other people hate into libraries. The reason is that libraries are the public facilities which people share with others.

### 영작연습 1

1 Whoever comes here first, he or she will receive a gift.
2 Whomever you love, you shouldn't depend on him.
3 Whichever gives you much pleasure, you should not overuse it.
4 Whichever she chooses, I will give it to her.

### 영작연습 2

1 Whoever loves you, you don't have to believe him completely.
2 Whosever book you bought, you have to read it to the last page.
3 Whatever you bring to me, I will not receive it.
4 Whatever Tom chooses in this store, I will pay for it.

## Unit 31 부사절

### Story writing

However poor you are, you have to buy good books. Wherever you are, you have to read books. Whosever books you borrow, you should return it to their owners. However good the contents of the book is, you should not keep others' books. Books give you a lot of knowledge and experiences for the future.

### 영작연습 1

1 As he got up, the sun had risen already.
2 When she met him, he had been married already.
3 As soon as she left for Seoul, he returned.

❹ As the weather was bad, they stayed at home.

## 영작연습 2

❶ After he finished his homework, he went out.

❷ Wait here until he returns.

❸ He has lived here since he was ten years old.

❹ Because the grade was low on the test, he was disappointed.

## Essay Writing

Subject: Healthy food for your health

Food people eat influences people's health. Some kinds of food is bad for people's health. Food with a lot of oil is not good. And fried food can cause a lot of disease. Fast food such as hamburgers and pizza, is also not good.

The following food is good for people's health. Vegetation, fruit, and whole grains are healthy food. Eating healthy food makes your body healthy and active. Therefore, you have to consider to eat suitable food for your health.

# Part 9 가정법과 기타

### Unit 32 가정법의 세계 – 가정법 현재, 미래

## Story writing

The people playing soccer on the grass at the park are my friends. They arrive at the gate of the park at five o'clock in the morning. The person who arrives at the gate of the park first becomes the captain of the day. As a captain of the team, he controls and orders other team members to play soccer or to do something. If you want to be a captain of the day, you have to arrive at the gate of the park first.

## 영작연습 1

❶ If he meets her tomorrow, he will discuss the problem.

❷ If Tom comes here by two o'clock, he will receive twenty dollars.

❸ If she finishes this work by tomorrow, she will be hired.

❹ If he is honest, I will hire him.

## 영작연습 2

❶ If Tom meets the lady tomorrow, he will be happy.

❷ If Tom read the book, he would understand the theory.

❸ If Jason solved the question, he would receive a book.

❹ If Jason heard the news, he would be surprised.

### Unit 33 가정법의 세계 – 가정법 과거 외

## Story writing

If I had got the information from her, my company would have invented the products well. She gave the information to my friend. That friend of mine used the information she gave him to produce products. His company produced a lot of products and made a lot of money. If I had got the information, I would have invented good products. Now my company is trying to produce the best product. However, producing new products is not easy. I realize that using and getting a lot of information is helpful to produce products.

## 영작연습 1

1. If she solved the problem for herself, she would be clever.
2. If she came here, she would meet the man.
3. If I had ten dollars, I would buy a bag.
4. If Suji came here, she would meet the man.

## 영작연습 2

1. If she had solved the problem for herself, she would have been clever.
2. If she had come here, she would have met the man.
3. If I had had ten dollars, I would have bought a bag.
4. If Suji had known the news, she would not have gone there.

### Unit 34 관계부사

## Story writing

The place where David met Sophie was the library. After school, he read many books about space. His future dream was to become an astronomer. The way Sophie met David was interesting. When Sophie lost her bag, David found it by accident. He found her telephone number and called her. They have had a good relationship with each other for two years.

## 영작연습 1

1. This is the mountain where he planted trees.
2. Tell me how you got on the crowded bus.
3. I want to know the reason why he lost the game.
4. I can't forget the day when I first met you.

## 영작연습 2

1. This is the hospital where she was born.
2. The way he got on the crowded bus was very dangerous.
3. I know how Tom climbs the mountain.
4. Tell me the time when you got to school yesterday.

### Unit 35 원급, 비교급, 최상급의 확장

## Story writing

Every place in the world has its own particular climates. The climate is most influenced by its location on the earth. Sunlight is the most important thing to influence climates. Sunlight hits the earth directly at the equator. Therefore, places near the equator are much hotter than places near the pole.

## 영작연습 1

1. Tom solved the question as quickly as Lisa.
2. Tom exercises as hard as Lisa.
3. Tom solved the question more quickly than Lisa.
4. Tom solved the question most quickly in his class.

## 영작연습 2

1. Tom walks as slowly as Jenny.
2. Tom walks more slowly than Jenny.
3. Tom walks most slowly in his class.
4. Tom speaks English most correctly in his class.

## Essay writing

Subject: The effect of laughter

Laughter plays an important role in people's health. For example, laughter affects people's condition like good medicine. Patients that laugh often heal quickly. Many doctors use laughter as a kind of treatment. They encourage patients to watch funny movies or tell jokes. In some hospitals, doctors dress like clowns. They try to make children laugh. Laughing also makes people's hearts stronger. Therefore, laugh every day for your health.

# Part 10 다양한 주어의 이해

## Unit 36 문장 구성 요소

### Story writing

I wanted to buy a new dress for Suji. I didn't have much money, so I decided to save my pocket money. It was some difficult to save money first. However, I have saved my pocket money for one year. Tomorrow I will buy her a new dress. The new dress will make Suji smile.

### 영작연습 1

❶ David arrives here tomorrow.
❷ David became tired after work.
❸ Jason asked David to save twenty dollars.
❹ Tom saw Jason running on the street.

### 영작연습 2

❶ David put off meeting Jason.
❷ David gave Jason twenty dollars.
❸ Tom had the kite made by David.
❹ The accident happened yesterday.

## Unit 37 다양한 주어의 형태

### Story writing

When I listen to music, I feel calm. When I have problems, I listen to music to solve them. Classical music is more useful to me. However, I sometimes listen to exciting popular songs.

### 영작연습 1

❶ Tom driving carefully is my friend.
❷ Driving carefully is important.
❸ You have to remember to drive carefully.
❹ That Tom drives carefully is true.

### 영작연습 2

❶ The man climbing the mountain is my brother.
❷ Climbing mountains develops people's physical function.
❸ The books written by me sell well.
❹ Tom reading many books is very diligent.

## Unit 38 to부정사와 동명사구가 주어

### Story writing

For the future, studying hard is a student's duty. Students have to have many experiences, too. They have to have the social activities or part time jobs. They have to learn practical ability before graduation. There are many differences between practical skills and ideal ability. Practical skills are more useful than ideal skills.

### 영작연습 1

❶ Reading many books is good for your future.
❷ Taking a walk is good for your health.
❸ Smiling at people you meet is a kind custom.
❹ We have to learn the way to use money well.

### 영작연습 2

❶ I have to buy a house to live in with my family.
❷ Visiting my hometown makes me happy.
❸ Remembering people's names is important.
❹ Keeping a diary in English every day is very important to learn English.

## Unit 39 절이 주어인 경우

### Story writing

Tell me why you didn't finish the work. Do every work right now. How you live today is more important than how you will live tomorrow. Although making good plans is important, finishing those plans will lead you to tomorrow.

### 영작연습 1

❶ I have to know the reason why he went there.
❷ Whether he comes here or not depends on you.
❸ Tell me where he meets many foreigners.
❹ I can't know whether he meets many foreigners.

### 영작연습 2

❶ That he is honest surprised me.
❷ The reason why she came here was to meet you.
❸ The time when he came here was seven o'clock in the morning.
❹ The place where he went was the temple.

## Unit 40 수식어가 있는 주어 1

### Story writing

Lisa heard that Bill passed the test. Lisa, pleased with the news, ran to her mother. Her mother, cooking in the kitchen, greeted her. She said to her mother that her brother passed the test. Her mother was pleased with the news. A piece of good news pleased his family.

### 영작연습 1

❶ The wall that he painted white is very beautiful.
❷ The blue painted ship travels to Japan next week.
❸ The boy playing with friends in the park is my brother.
❹ The mountain covered with snow is very high.

### 영작연습 2

❶ The girl reading a book in the library is my daughter.
❷ The girl watching TV is my daughter.
❸ The language spoken in America is English.
❹ The book published by her is very useful.

## Unit 41 수식어가 있는 주어 2

### Story writing

Mike who teaches English at my school is popular with the students. He reads a book a week, but it is not easy. He knows various kinds of common sense through reading books. He teaches his students by using common sense.

### 영작연습 1

❶ Chris works in my company.
❷ Chris watched the movie.
❸ Chris who watched the movie works in my company.
❹ Mary who loves the teacher works in a museum.

### 영작연습 2

❶ Jack is my neighbor.
❷ Jack developed a new product last year.
❸ Jack who developed a new product last year is my neighbor.
❹ The lady who likes Jack came here.

### Essay Writing

Subject: The danger of the cell phone while driving
Many people use cell phones while driving, but it is very dangerous. Using cell phones while driving causes many traffic accidents. In fact, these driving accidents injure and kill someone every day. Last year fifteen percent of people who were injured and died on the road were related to cell phones. To avoid this kind of accident, people should not use cell phones while driving.

# Part 11 목적어, 보어의 이해

## Unit 42 목적어와 구성조건

### Story writing

My brother watching TV in the living room was satisfied with the gift that I gave him. The doll made by me looks very colorful. At first, it was very complicated and difficult to make the doll. After time passed, I knew the way to make it better. Thanks to the gift, I have a good relationship with him.

### 영작연습 1

❶ I know why he reads many books for the future.
❷ I want him to read many books for the future.
❸ Tell me how he reads many books for the future.
❹ She likes to live in the country.

### 영작연습 2

❶ I can know where he lives.
❷ She asked me to buy the book.
❸ She made me buy the book.
❹ She is watching me buy(buying) a book.

## Unit 43 보어와 구성조건

### Story writing

Tom asked the patient to get up early in the morning. The patient accepted Tom's advice for his health and family. Getting up early in the morning made his daily life active. He became very active. Accepting the advice of others to change his bad habits is a very good thing. It is time to change your bad habit if you want a better life.

### 영작연습 1

❶ To eat this food is good for your health.
❷ He asked her to go to Hawaii by airplane.
❸ Your story made him laugh.
❹ I advised him to keep his mother's advice.

### 영작연습 2

❶ My teacher advised me to solve this question.
❷ She ordered her daughter to come here.
❸ Tom felt someone touch him.
❹ Your story sounds interesting.

### Essay writing

Subject : Your only strong point

You can see many beautiful and good-looking actress or actors in magazines or on TV. They have beautiful faces and nice body shapes. You may compare their appearance with your appearance. You may dislike your appearance and want to have plastic surgery.

However, you are more beautiful enough the way you are. You have your unique character that other people don't have. It can be one of your strong point. So appreciate and develop your beauty to make it your strong point.

# Part 12 접속사

## Unit 44 문장과 문장 이어주기

### Story writing

To understand another country's culture is very useful when learning about its language. Their culture, their way of thought, and their life experiences are used in their language. The more you understand them, the faster you can learn their language.

### 영작연습 1

❶ I think that David takes a nap after lunch.
❷ Although David takes a nap after lunch, he gets very good grades.
❸ David was very tired, so he took a nap after lunch.
❹ David was very tired, but he didn't take a nap after lunch.

### 영작연습 2

❶ He thinks in English, so he writes essays in English.
❷ He memorizes a lot of vocabularies, but he can't write any essay in English.
❸ He can write an essay in English because he studies hard.
❹ Although he knows many grammatical rules, he can't speak English.

## Unit 45 등위 접속사

### Story writing

To make better conversation with foreigners, you have to understand their culture and the way of life. Then meeting foreigners is becoming more and more good. In this case, you can have a better relationship with them.

### 영작연습 1

❶ Sarah is rich, and she lives in an expensive house.
❷ Susan was late for school, for she missed the bus.
❸ My sister was young, but she finished the work.
❹ Hurry up, or you can't attend the conference.

### 영작연습 2

❶ My sister tried hard to solve the question, but she did not solve it.

❷ My brother worked hard, so he passed the test.
❸ The boy solved the question, so he received a TV set.
❹ The girl ran hard to catch the train, but she missed it.

## Unit 46 종속접속사 – 시간, that

### Story writing

While Lisa was singing on the stage, her parents felt asleep. However, Lisa was not discouraged. She respected her parents very much. When she was young, they encouraged her to be active in all of her work. She worked and practiced hard to make her dream come true. She completed her goal and made her parents happy.

### 영작연습 1

❶ As he got up, the sun had already risen.
❷ As the weather was bad, they stayed at home.
❸ When she went there, he had gone to Japan already.
❹ While he was reading a book, he heard a strange sound.

### 영작연습 2

❶ Wait here until he returns.
❷ Stay at home until the rain stops.
❸ You have to follow your father's advice before you leaves for Seoul.
❹ Five years have passed since he left for Seoul.

## Unit 47 종속접속사 – 이유, 가정, 양보

### Story writing

People have to take care of trees because trees are very important to both people and animals. Some animals make their nests in trees. People and animals eat fruits and seeds from trees. Also, trees produce oxygen and keep air clean. Trees take in carbon dioxide from air and give out oxygen. If trees disappear, people and animals can't live. Let's plant trees together.

### 영작연습 1

❶ Because he is rich, he can give me some money.
❷ As he failed the test, his mother was disappointed.
❸ Because he was pleased with the news, he gave me a lot of gifts.

**❹** Although he is young, he is wise.

## 영작연습 2
**❶** Though the lady is rich, she lives in a small house.
**❷** If he comes here by two o'clock, he will receive the book.
**❸** If she solves the question, she will receive the award.
**❹** Because she can speak English well, she can visit any country.

## Essay Writing
Subject: Jogging that makes our bodies and minds healthy
Jogging is good to keep our bodies and minds healthy.
We can see many people jogging on the streets. Why do people like jogging?
First, it keeps our bodies healthy. The physical activity from jogging improves our physical power.
Second, it gives people's minds stability. Breathing fresh and clean air while jogging helps to make people more peaceful.
Thus, it brings people happiness. It is necessary for a better life, and it is an easy short cut for people to keep healthy in both mind and body.

# Essential Rules for Tests &
# 각종 시험 비법 문제 및 정답

y Answer

각종 시험에 출제 빈도가 높은 순서에 의해서 구성을 하였습니다. 이 부록 란의 문제를 풀고 우리말 문장을 영작하게 되면, 어떤 유형의 문법 문제도 해결할 수 있습니다.

**01** to 부정사를 목적어로 갖는 동사 – 본 교재 5문형 구조 참조
소망, 기대 동사 – 미래의 희망을 내포하고 있다.
→ wish, want, hope, expect, plan, intend, promise, decide
I want you (to be, be, becoming) a doctor.
He expected her (to get, getting, get) a good job.

• 그는 그녀가 여기에 오기를 기대한다.

➡ ..........................................................................................................

**02** 동명사를 목적어로 갖는 동사 – 본 교재 5문형 구조 참조
하고 있는 행동을 멈추는 의미 – 과거와 현재의 행동을 포함하고 있다.
→ avoid. put off, postpone, give up, deny, enjoy, mind
I enjoy (climbing, to climb) mountains.
He avoided (meet, meeting) her.
Jenny put off (to meet, meeting, meet) the lady.

• Jenny는 여기에 오는 것을 연기했다.

➡ ..........................................................................................................

**03** 의미가 변해요. – 본 교재 동명사 참조
→ forget, remember, try, stop – 목적어로써 부정사 동명사 모두 가능하다.
미래의미 – to 부정사
과거, 현재의 행동묘사 – 동명사
Don't forget to send me a letter tomorrow. (미래에 할 행동)
Don't forget to sending me a letter tomorrow. (과거에 했던 행동)
He stopped (to smoke, smoking) for his health. (과거에서 현재에 이르는 행동)

• 서울에 도착하거든 나에게 전화하는 것을 기억하시오.

➡ ..........................................................................................................

• 어제 나에게 전화했던 것을 기억하시오.

➡ ..........................................................................................................

**04** that of, those of - 비교급에서는 비교대상이 같아야 한다. - 본 교재 형용사 참조
단수는 that을 복수는 those를 사용한다.
→ One company's products are kept distinct from (that, those) of another company.
  The climate of Korea is milder than (that, those) of Japan.
  The price of the house is cheaper than (that, those) of mine.

• 토끼의 귀들이 쥐의 귀들보다 크다.

 **05** 수사 + 명사(s) + 명사 : 복수형을 취하는 수사가 명사 앞에서 명사를 수식할 때, 수사 다음의 명사에 복수형을 쓰지 않고 단수형을 쓴다.
→ a three-days or orientation ( × ) - days는 문장에서 형용사 역할이므로 복수형 안 됨.
  a two-days journey ( × ) - days는 형용사 역할미으로 복수형 안 됨.
  He is a six-year old boy.( ○ ) - six가 복수형을 필요로 하지만 boy를 수식하므로 단수 처리
  He is six-year old.( ○ )

막연한 수를 나타낼 때는 숫자다음에 ~s를 첨가한다.
→ 수사 : hundreds / thousands of people, millions of people ( ○ ) 수백, 수천, 수백만 사람들

정확한 숫자에는 ~를 붙이지 않는다.
→ ex)two hundred girls ( ○ ),          5 hundreds peoples ( × )
  I will meet (hundreds of people, hundred of people) tomorrow.

• 수백만의 사람들이 그를 보기 위해서 여기에 왔다.

 **06** 가주어 it - 본 교재 to 부정사 참조
to 부정사, 동명사, 절이 주어로 쓰일 경우 가주어 it을 쓴다.
→ It is very important to get up early for your health.
  It is kind of you to help me.
  It is foolish (of, for) you to come here.

보어로 사람의 성질 형용사가 쓰일 경우는 의미상의 주어 앞에 전치사 of를 쓴다.

• 그녀가 그 사건에 의해서 그녀의 다리를 부상당한 것은 슬픈 것이었다.

**07** 가목적어 it – 본 교재 to 부정사 참조
목적어로서 to 부정사, 동명사, 절이 쓰였을 경우 가목적어 it을 쓴다.

→ She makes it possible for me to study in this room.
I made it a rule to get up early in the morning.
I think possible to solve the question. - 문법적으로 틀린 문장
동사 think의 목적어가 없으니 틀림, think 뒤에 it을 써야 한다.
I think (it easy, easy) to solve the question.

• 나는 그녀가 여기에 오는 것은 불가능하다고 생각한다.

➡ .................................................................................................................

**08** 시제 일치의 예외 – should의 특별 법칙

→ 주장 : insist, claim        요구 : ask, demand, request, require
  명령 : order, command      제안 : suggest, recommend
  충고 : advise
주절에 쓰인 동사가 위의 단어들이고 목적어로서 that절이 오면 that 절에 should를 쓴다. should가 생략이
될 경우에는 반드시 동사원형이 온다.
He commanded that it (shake, be shaken, is shaken).
The building manager insisted that air conditioning system (is replaced, be replaced).

• 그녀는 그가 내일 여기에 와야 한다고 제안했다.

➡ .................................................................................................................

**09** 이성적, 감성적 판단 형용사 (긴급, 필요) + should + R

→ important, necessary, essential, vital, urgent, natural
가주어 (it) + be 동사 + 형용사 뒤에 that 절이 쓰일 경우에, that절 동사에 should를 쓴다. should가 생략
이 될 경우에는 반드시 동사원형이 온다.
It is urgent that all of the forms (is completed, be completed) when the bank closes.
It was necessary that he (handed, hand, to hand) out the paper by tomorrow.

• 그 의사는 그 환자에게 건강을 위해서 담배를 끊으라고 충고했다.

➡ .................................................................................................................

• 그 교수는 그가 그 회사에 취업이 되어야 한다고 추천했다.

➡ .................................................................................................................

**10** 불가산명사 – 아래의 단어들은 복수형으로는 쓰이지 않는다.

→ advice, furniture, equipment, clothing, information, luggage, baggage, mail

ex) furnitures, many furnitures, informations, many luggages (×)

I need your (baggage, baggages).

I need much (informations, information) from you.

• 많은 수화물이 비행기로 옮겨진다.

........................................................................

**11** 수일치

→ S + (동격, 삽입 구문, 전치사구, 부사구, 관계사 절) + V.

주어를 수식하는 구나 절이 올 경우 동사는 주어에 일치시킨다.

유도부사 : There is + 단수명사 / There are + 복수명사

유도부사 there는 부사이므로 there 뒤에 있는 명사가 주어이다.

The news that he passed the tests (was, were) true.

The boy playing baseball with his friends (is, are) honest.

The countries which (have, has) many beautiful mountains (are, is) rich countries.

There (are, is) many books on the table.

• 그 작가들에 의해서 쓰이어진 그 책은 매우 유익하다.

→

........................................................................

**12** The number of + 복수명사 – 단수동사가 온다.

단수 복수 의미가 아닌 하나의 전체적인 개념이므로 단수형 동사가 온다.

→ A number of + 복수명사 – 복수 동사가 온다.

The number of babies born in the country (is, are) increasing.

A number of people (was, were) gathered to watch the movie.

– 많다는 의미로 쓰이므로 복수형 동사 필요

The number of cars in this village (are, is, be) increasing.

아래 단어들이 주어로 쓰일 경우 of 다음의 명사가 단수이면 단수, 동사가 복수이면 복수 동사가 쓰인다.

rest (most, half, one third) of (단수명사 or 복수명사)

One of the boys (is, are) able to solve it. – 주어는 one 이다.

The rest of the money (was, were) spent by him.

• 영어를 배우는 학생들의 숫자가 증가되고 있다.

→

........................................................................

**13**  상관접속사와 주어 동사의 일치
아래의 상관 접속사가 문장에서 주어로 쓰일 때 동사를 B에 수 일치시킨다.

→ either A or B    neither A nor B    not only A but also B    B as well as A
both A and B – 항상 복수형 (주어가 셀 수 있는 명사일 때)
Either an employer or the employees (is, are) right.
Neither he nor they (are, is) wrong.
Not only he but also they (have, has) gone to America.
Both he and I (am, is, are) making big money to buy a car.

• 너 아니면 그들 중 하나가 그 사건에 책임이 있다.

→

**14**  관계대명사 – 본문 관계대명사 참조
주격 : The men _____ visited there. visit의 주어가 필요

→ 선행사가 사람 – who    선행사가 사물 – which
선행사가 사람 + 사물 – that
앞과 뒤에 명사 있으면 – 무조건 소유격이다.
Look at the boy (whose, who, whom) father is a doctor.
-father의 소유격 필요
수일치 – 선행사가 단수면 단수, 복수이면 복수형 동사가 온다.
I know a worker who (works, work) at the bank.
– 선행사가 a worker이므로 단수

• 취미가 걷기인 Tom은 내일 이곳에 올 것이다.

→

**15**  중복어구

→ Houses which they overlook the lake have a high cost.
Houses의 동사가 have이므로 they를 생략해야 한다.
Equipment which (include, includes) this tool is very expensive.
The sample we have selected (was, were) very excellent.

• 그녀가 읽었던 그 책들은 나에게 감명을 주었다.

→

**16** one of + 복수명사 one of my books
주어는 one 이다, 따라서 단수형 동사가 와야 한다.
→ One of the most beautiful sights in Korea (is, are) in this area.

• 그 도서관에 있는 많은 책 중의 한 권이 이곳에 도착한다.

➡ ⋯⋯⋯⋯⋯⋯⋯⋯⋯⋯⋯⋯⋯⋯⋯⋯⋯⋯⋯⋯⋯⋯⋯⋯⋯⋯⋯⋯⋯⋯⋯⋯⋯⋯⋯


**17** 시간과 관련 된 전치사 – 본 교재 동사시점 참조
→ until tomorrow    until ~까지의 지속
   stay, remain, keep, continue 같은 동사와 어울린다.

   by ~까지(마감시간)
   submit, complete, finish 등의 단어와 어울린다.
   You should submit financial reports (by, until) the twenty first of this month.

• 그녀는 내일까지 이곳에 머무를 거야.

➡ ⋯⋯⋯⋯⋯⋯⋯⋯⋯⋯⋯⋯⋯⋯⋯⋯⋯⋯⋯⋯⋯⋯⋯⋯⋯⋯⋯⋯⋯⋯⋯⋯⋯⋯⋯


**18** 현재완료 시점에서 쓰이는 전치사 – 본 교재 동사 시점 참조
→ for – 숫자   during – 특정 시점
   during class, during vacation, during the meeting, for two months
   He has learned playing the piano (for, since) two years.

• 그는 이 회사에서 20년 동안 일하고 있다.

➡ ⋯⋯⋯⋯⋯⋯⋯⋯⋯⋯⋯⋯⋯⋯⋯⋯⋯⋯⋯⋯⋯⋯⋯⋯⋯⋯⋯⋯⋯⋯⋯⋯⋯⋯⋯

**19** 비교급 (more 나 -er) than - 본 교재 비교급 참조
비교접속사 than 이 있으면, 무조건 비교급 형용사나 부사가 온다.
than이 아닌 that이나 then이 문제에 나올 수 있다.
→ healthier ~ than (○)    healthier ~ then (×)
   He is healthier (than, then) she.

• 그는 나보다 더 많은 책을 가지고 있다.

**20** 2중 소유격
→ (a, an, the, some, any, this, these, that, those) + 소유격 + 명사 (×)
   위에 나열한 단어들과 소유격은 동시에 뒤에 나오는 명사를 수식할 수 없다.
   위의 단어들은 형용사 역할을 하고 소유격도 형용사 역할을 하므로 형용사가 중복이 되어 사용이 될 수 없다.
   전치사 of 다음은 전치사의 목적격인 소유대명사가 온다.

**형용사 기능을 하는 소유격은 안 됨.**
   This is a Jim's book.(×)    This is a book of Jim's.(×)
   (Some my sister's friends, Some friends of my sister's) came here.

• 한 명의 내 친구의 딸이 나를 방문했다.

**21** 대명사 : 격, 인칭, 성, 수
→ Between you and I there is no any difficulty. (×)
   전치사 뒤에는 목적격 대명사가 온다.
   between은 전치사 이므로 you는 목적격이다, 따라서 "I"를 목적격 "me"로 고쳐야 한다.
   Mine book was stolen yesterday. (×) (mine을 소유격 my로 고쳐야 한다.)
   mine은 소유대명사이며 소유격이 아니다.
   My book is as good as you. (×)
   my book과 your book이 비교되므로 소유대명사 yours가 쓰이어야 한다.
   You need to write (you, your) name, address, and occupation.

• 나의 책이 너의 책보다 더 비싸다. (소유대명사 이용)

**22** every + 단수명사  (a) few + 복수명사

→ a little, little + 단수 명사

I have (a little, a few) money to buy it.

Every (boys, boy) in my class (comes, come) to the park.

I have little information about it.

• 우리 반의 모든 학생들은 좋은 성적을 얻었다. (every 이용)

➡

**23** enough : enough + 명사,  형 + enough

부사인 enough가 형용사를 수식 할 때는 예외적으로 형용사 뒤에 온다.

→ enough money ( ○ )   strong enough to do it ( ○ )

He is (strong enough, enough strong) to lift it.

• 그녀는 그 문제를 풀 수 있을 정도로 충분히 영리하다

➡

**24** 비교급 수식어구 – even, still, much, far, a lot

→ 원급, 최상급 수식 – very

(very) better than ( × )    much better than ( ○ )

To play soccer is (far, very) more interesting than to play baseball.

• 이 책이 저 책보다 훨씬 더 재미있다. (even still, much, far 이용)

➡

Appendix Essential Rules for Tests

**25** 분사정리 : 명사가 분사의 주체일 경우는 현재분사 사용
명사가 분사의 대상일 경우는 과거분사 사용
사람의 성질과 관련 있는 단어들 – 과거분사형 사용

→ I was excited / pleased / interested.  The game was exciting / interesting.
an exciting story / the excited boys
satisfied, frightened, bored, tired
He was (boring, bored) by the (bored, boring) speech.

• 그녀는 그 선물에 만족했다.

..............................................................................................

**26** such a 형 + 명, so + 형용사 + a + 명사
관사 a, an은 형용사 앞에 오는 것이 원칙이나, 형용사 뒤에 올 때도 있다.

→ He is a so clever guy to solve the question. (×)  so clever a boy (○)
She was (so beautiful a lady, a so beautiful lady) when she was twenties.

• 이 어린이는 매우 예쁜 모자를 쓰고 있다. (so 이용)

..............................................................................................

**27** the 비교급, the 비교급
접속사 없이 두 문장이 연결 된다.

→ The more, the better.
The more you want, the more you lose.
(The early, The earlier) you come here, the happier you feel.

• 당신이 나를 사랑하면 할수록, 당신은 더욱더 사랑 받을 것이다.

..............................................................................................

Essential Rules for Tests & Key Answer

28 still – be 동사 뒤 혹은 일반 동사 앞에 위치한다.
→ I'm still loving you.
They (still love, love still) their hometown.

• 그녀는 여전히 이 도시에서 살고 있다.

➡ ..........................................................................................................................

29 간접 의문문 문제 – 본 교재 간접 의문문 참조
의문문이 다른 문장과 결합이 될 때, 문장의 어순이 의문사 + 동사 + 주어에서
의문사(접속사로 역할 변형 됨) + 주어 + 동사로 바뀐다.
→ I don't know. + Why was my sister laughing?
= I don't know why my sister was laughing.
I asked him (what did he do, what he did)?

• 나는 당신이 누구인지 안다. (I know + Who are you?)

➡ ..........................................................................................................................

30 접속사 vs 전치사 문제 – 본 교재 접속사 참조
접속사 뒤에는 주어 동사가 온다.
전치사 뒤에는 전치사의 목적격이 온다.
→ although, though, even though, even if (접속사)
despite 비록 ~일지라도 (전치사), in spite of ~일 지라도(전치사)
during – 전치사, while – 접속사
(While, During) he was in America, he was a doctor.

• 그의 단점에도 불구하고, 그는 많은 친구를 가지고 있다. (in spite of 이용)

➡ ..........................................................................................................................

**31** 주어 + 동사, which 가 답일 가능성이 높다. 본 교재 관계대명사 참조
관계대명사 that은 계속적인 용법으로는 쓰이지 않는다.

→ I bought the building, (that, which) he built last year.

• 나는 좋은 성적을 얻었는데 그것이 나의 어머니를 기쁘게 했다.

➡ ........................................................................................................................

**32** 병렬문제 : A, B, and (or) C

→ important, beautiful, and height ( × ) high ( ○ ) – 형용사만 필요하다.
talking, speaking, and laughing ( ○ ) – 동명사 혹은 현재 분사형만 필요하다.
To meet people, to visit a good museum, and (to watch, watching) movie is my hobby.

• 그녀는 조깅, 산책, 그리고 독서를 즐긴다. (enjoy 사용)

➡ ........................................................................................................................

**33** 부정어 도치문제
little, never, hardly 같은 부정어가 문장의 맨 앞에 오면 주어와 동사를 도치시킨다.
문장 중간에 있어야 할 부사가 문장의 맨 앞으로 이동했다는 흔적을 남긴다.

→ Little did I know that news.
Never have I been there. = I have never been there.
Seldom (did he go, he went) there.

• 좀처럼 그는 이곳에 오지 않는다. (seldom, scarcely, rarely 사용)

➡ ........................................................................................................................

**34** (those) who ～한 사람들 – (본 교재 관계대명사 참조)

→ Those who (are, is) interested in attending the program support you.
  those는 복수형 대명사 이므로 복수형 동사 필요

• 그 책을 읽었던 사람들은 그 문제를 이해를 했다. (those who 이용)

➡ ......................................................................................................................................

**35** 사역동사 (let, make, have) + 목적어 + 원형/PP – 본 교재 5문형 구조 참조

→ 준 사역동사 help + 목적어 + to 부정사 / 동사원형 둘 다 가능
  사역의 의미 get + 목적어 + to 부정사가 반드시 와야 한다.
  I let her go out.
  He let me (go, to go) out.
  He made me (change, to change) my mind.

• Tom은 Juliet이 이곳에 오도록 시켰다.

➡ ......................................................................................................................................

**36** 지각동사 – 본 교재 5문형 구조 참조
목적어가 동작의 주체이면 동사원형
목적어가 동작의 주체가 아니면 과거 분사형

→ 주어 + (see, watch, hear, listen to, feel) + 목 + (R, -ing, PP)
  He saw her walking(walk).    He heard a baby cry(crying).
  I saw a boy (dancing, to dance).

• 나는 그 신사가 거리에서 춤을 추는 것을 보았다.

➡ ......................................................................................................................................

**37** 한 문장에는 동사 하나

→ The man (plays, playing) baseball is my brother.
주어 the man은 동사 is 와 일치 하므로, 준동사인 playing이 온다.

• 무대 위에서 춤을 추는 저 신사는 나의 삼촌이다.

...........................................................................................................

**38** 시간 조건의 부사절에서는 현재시제가 미래시제를 대신한다. – 본 교재 접속사 참조

→ As soon as he finishes his opening address, he will meet her.
after / when / as long as / if / before와 미래시점인 will은 같이 쓰이지 않는다.
Please submit a copy of your book before you (will go, go) on a picnic.

• 네가 그 일을 끝마치면, 나에게 연락하시오.

...........................................................................................................

**39** 부정어를 포함하고 있는 단어들
unless = if ～ not  – 본 교재 접속사 참조
unless는 부정어를 이미 포함하고 있으므로, 또 부정어가 오면 안된다.

→ Unless you don't come here at 2 o'clock, you will be punished. (×)
Unless you (come, don't) here at 2 o'clock, you will be punished.

• 만약 네가 그 시험에 통과하지 못하면, 너는 그 직업을 잡는데 어려움을 갖을 것이다.

...........................................................................................................

**40** most(형용사), almost(부사) 구분 문제 - 본 교재 형용사 참조
→ most students - 형용사인 most가 명사를 수식한다.
almost honest students - 부사인 almost가 형용사인 honest를 수식한다.
(Almost, Most) money you have is necessary to save the person.

• 대부분의 사람들은 ice cream 먹기를 좋아한다.

➡
.............................................................................................................................

**41** 학문 명 - 단어가 –s 로 끝나지만 복수가 아니므로 단수취급 한다.
→ economics, physics, statistics, ethics, mathematics
Economics (is, are) my favorite subject.

• 경제학은 더욱더 중요해지고 있다.

➡
.............................................................................................................................

**42** 가정법 - 시제의 일치에 예외적이므로 시험에 자주 출제 된다. - 본 교재 가정법 참조
가정법 과거완료 (과거사실의 반대)
→ If + s + had PP~, S + (would, should, could, might) + have PP
If he had had the model of the car, I (would have bought, had bought) it.

• 만약 그가 어제 나를 만났다면, 그는 그 정보를 얻었을 것인데.

➡
.............................................................................................................................

**43** 가정법 과거 (현재사실의 반대)

If + S + 과거동사~, S + would + R.

→ If I (were, was) you in the case, I would not go there.

If I (had, have) some money, I would buy it.

• 만약 그가 나를 만났다면, 그는 그 정보를 얻었을 것인데.

➡ ..........................................................................................................................

• 만약 내가 그를 만났다면, 그는 그 정보를 그에게 주었을 텐데.

➡ ..........................................................................................................................

**44** 가정법 미래 – 본 교재 가정법 참조

If + S + should R, S + will R

→ If I were to be born again, I should love you.

미래의 불가능한 가정은 were to를 쓴다.

If she (were to, was to) come here, she shall meet him.

• 만약 그가 그 열쇠를 가지고 있다면 그는 그 책을 찾을 것인데.

➡ ..........................................................................................................................

**45** 조동사 + 동사원형 – 조동사 뒤에는 동사의 원형이 온다. – 본 교재 조동사 참조

→ She will clearly to show it. ( × ) She will clearly show it. ( ○ )

We will (can, be able to) solve the questions.

• 너는 그 문제를 반드시 이해를 하여야 할 것이다.

➡ ..........................................................................................................................

**46** 동사 문제 푸는 순서

한 문장에는 동사가 하나이다. (부록 37번 문제 참조)

수, 시제 일치 : 수일치 (단수, 복수 구별)

시제일치 (주절 시점이 과거이면, 종속절의 시점은 과거 or 과거완료)

→ When I arrived there, the show (had started, started) already.

• 내가 그를 보았을 때, 그는 이미 도망쳐 버렸다. (saw, had run away 이용)

➡ ..................................................................................................................................................

**47** 왕래발착 동사는 미래시점이 있을 경우에 미래시점을 현재형 혹은 현재 진행형으로 쓴다.

가다 형 : go, start, leave

오다 형 : come, arrive (at), reach

→ He is coming here tomorrow.

He (will come, comes) here tomorrow.

• 그는 서울로 내일 떠날 것이다.

➡ ..................................................................................................................................................

**48** 자동사로 착각하기 쉬운 타동사

- 자동사 뒤에는 전치사가 와야지만 전치사의 목적어 가능
- 아래의 단어들은 동사 바로 뒤에 전치사가 오지 않는다.

→ marry, discuss, resemble, approach

contact with (×) check for (×)  marry with (×)  discuss about (×)

resemble with (×)  approach to (×)

He resembles (with his mother, his mother).

• 나는 그 문제를 아버지와 상의했다.

➡ ..................................................................................................................................................

**49** 자동사는 수동태가 될 수 없다. – 본 교재 수동태 참조

→ look, happen, arrive, disappear

The accident (was happened, happened).

He (was arrived, arrived) there by car.

• 그 차가 사라졌다. (disappear 이용)

➡ ......................................................................................................

**50** 분사구문 – 부사절을 부사구로 고치는 것 – 본 교재 분사 구문 참조

이유, 원인 접속사 : because, since, as

조건 : if, unless

양보 접속사 : although, even though, though, even if

시간 접속사 : when, while, as soon as, before, after, until, by the time

→ (Surprised, Surprising) at the news, she was faint.

He was (excited, exciting) by the (exciting, excited) news.

• 그 소식에 기뻐져서, 그는 밖으로 나갔다. (be pleases with 기뻐지다)

➡ ......................................................................................................

**51** 부사구로 고치는 순서

① 접속사 생략

② 주어가 같으면 생략

→ 동사의 행위자가 능동이면 ~ing (현재분사)

수동이면 pp (과거분사)

Because he was sick, he couldn't help her.

= _____

→ If you turn to the right, you can find it.

= _____

• 그것이 그에 의해서 풀어졌을 때, 그것은 그 매니저에게 제출되어졌다.

(Solving, Solved) by him, it was submitted to the manager.

• 그 문제를 풀고 난 후, 그는 외식하러 나갔다.

(Solving, Solved) the problem, he went out to eat.

**52** 주어 + 동사 + 목적어 + to 부정사 – 본 교재 5문형구조 참조

ask, desire, require, request, allow, want, expect, wish, hope

→ I expect him to pass the test.

I allow him (to say, say).

I enable him (to win, winning) the race.

• 나는 그녀가 우리 팀에 가입하기를 기대한다.

➡ ..................................................................................................................

**53** as 형 / 부사 원급 as – 본 교재 비교 구문 참조

원급의 비교급 일 때는 형용사나 부사의 원급이 온다.

→ The sales increased more (rapidly, rapid) than last year.

• 그는 나만큼 어리게 보인다. (원급)

➡ ..................................................................................................................

• 그는 나보다 어리게 보인다. (비교급)

➡ ..................................................................................................................

• 그는 우리 반에서 가장 어리게 보인다. (최상급)

➡ ..................................................................................................................

**54** a 와 an 의 구별문제

→ [a, e, i, o, u] – 발음이 모음으로 시작되면 관사 an, 그렇지 않으면 관사 a 이다

an honest boy ( ○ )   an X-ray ( ○ )   an hour( ○ )

(a, an) university he want to visit

The rich are not always happy.

the + 형용사는 복수형 보통명사를 의미한다. 따라서 복수형 동사 필요

• 젊은이들은 나이든 사람들을 존경해야 한다.(the young, the old)

➡ ..................................................................................................................

**55** hard 와 hardly – 본 교재 부사 참조

→ hard – 형용사, 부사의 기능, hardly – 부사의 기능 (빈도부사 어순 유의)
late - lately
late 늦은    lately 최근에
He was nearly run over by a car.
His house is (near, nearly) my house.

• 그녀는 열심히 일한다. (hard)

➡ ..................................................................................................................

• 그녀는 좀처럼 열심히 일하지 않는다. (hardly)

➡ ..................................................................................................................

**56** 동명사의 의미상의 주어는 소유격 – 본 교재 동명사 참조

→ (His, He) coming here made me happy.
His attending the meeting was excellent.

• 그녀의 영어 글쓰기는 매우 좋다. (writing in English 이용)

➡ ..................................................................................................................

**57** 준동사와 진동사의 구별
분사구문은 대개 행동의 객체가 능동이면, 현재분사(~ing)가 답이다.

→ He arrived home late at night, (found, finding) his wife sleeping.
접속사가 없으므로 분사가 온다.

• 그는 책을 읽으면서 잔디 위에 앉아있다. (reading a book 이용)

➡ ..................................................................................................................

**58** no longer, hardly, seldom, rarely, scarcely – 단어 자체에 부정어가 포함 되어 있어 문장에서 부정어를 또 쓰지는 않는다.

→ He hardly didn't climb the mountain. (×)
He seldom (comes, doesn't come) here.

• 그녀는 좀처럼 여기에 오지 않는다. (seldom 이용)

➡ .................................................................................................................

**59** It (가주어) ~ for (의미상의 주어) ~ to (진주어) – 본 교재 to 부정사 참조
사람의 성질을 나타내는 형용사가 올 경우 의미상의 주어는 전치사 of를 쓴다.
kind, foolish, clever, stupid, wise

→ It is necessary for a resident to show his picture identification.
It is clever (of, for) him to try hard to pass the test.

• 그는 이 문제를 못 풀다니 바보이다. (It is foolish)

➡ .................................................................................................................

**60** 본래품사 우선의 원칙
동사의 목적어가 필요하면 동사의 성질을 갖는 동명사가 온다.
동사의 목적어가 없으면 사전에 있는 명사형이 온다.
consideration (명사), considering (동명사)
conclusion (명사), concluding (동명사)

→ We reached the conclusion.
(Consideration, considering) his age, he is very strong.
목적어 his age가 있으므로 동사의 성질이 있는 considering이 필요하다.

• 너의 장점을 개발하는 것이 좋다. (developing 이용)

➡ .................................................................................................................

**61** 전치사와 접속사 구별하기

→ 본 교재 접속사 참조
although (접속사), in spite of, despite (전치사)
(Although, In spite of) he is clever, he has no friends.
because (접속사), because of (전치사)
(Because, Because of) the dishonest gambler, he lost much money.
for (숫자), during (특정기간)
He has been here (for, during) three days.
by (마감시간), until (상태지속)
You must submit the paper (by, until) two o'clock.
which 사물, who 사람
This is a game (which, who) attracts many young boys.

• 네가 여기에 머무는 동안, 나를 도와주시오. (while 이용)

**62** 다음 단어의 기능을 이해한다. – 본 교재 형용사류 참조

→ no – 형용사   not – 부사
few – 수   little – 양   many – 수   much – 양
(Little, A few) bread was left in the bag.

all – 복수   every – 단수   some – 긍정   any – 부정
(Every, All) boy in this classroom was interested in the game.

• 나는 어떤 차도 가지고 있지 않아요. (any 이용)

**63** spend + 시간  ~ing – 본 교재 전치사 참조

→ He spends two days planing the picnic.
be busy ~ing ~하느라 바쁘다
He is busy (doing, do) the work.

• 그는 그 문제를 푸는 데 1시간을 보냈다.

**64** 목적격 보어는 형용사이다. 목적어는 명사형이므로 형용사가 필요하다.
→ The big tree made her happy.
The peaceful meditation keeps her (active, act).

• 나는 그 책이 유용하다고 생각한다. (useful 유용한)

➡

**65** 동명사(~ing)를 원하는 전치사 "to" – 본 교재 동명사 참조
→ to 뒤에는 부정사가 대부분 오지만, to가 전치사로 쓰이는 경우 동명사가 온다.
I'm looking forward to seeing you again.
be devoted to ~ing 헌신하다   be object to ~ing 반대하다
have difficulty in ~ing ~하는데 어려움을 가지다
(사람) be used to ~ing, be accustomed to ~ing ~하는데 익숙하다
(사물) be used to 부정사
She is object to (going, go) there.

• 그녀는 아침 일찍 일어나는 것에 익숙하다.

➡

**66** little – less – least – 본 교재 형용사 참조
→ many/much - more - most
I have (little, few) money.

• 나는 친구가 거의 없다. (have, few)

➡

**67**  명사 + 명사일 때 앞에 있는 명사에 원칙적으로 −s가 붙으면 안 되지만
예외적으로 가능한 단어들

→ sales report      sales person      customers office
savings accounts      savings banks      sports complex
He is going to submit (sales report, sale report) to me.

• 나는 저금구좌를 만들고 싶습니다.(savings account 저금구좌, open 개설하다)

→

**68**  모양이 비슷해서 혼돈되는 단어들

→ rise - rose - risen (자동사) The price rose by 1.5%.
raise - raised - raised (타동사)
lie - lied- lied (거짓말 하다)
lie - lay - lain (눕다),
lay - laid - laid (놓다)
He (raised, rose) left hand.
He (laid, lay) some books on the bookshelf.
He is (laying, lying) on the grass.

• 너의 오른손을 들어라.

→

**69**  전치사

→ on June 5th (날짜 앞에서는 on)  in June – 달(month) 앞에는 전치사 in
I was born (in, on) May 5th.

• 나의 생일은 5월 5일이다.

→

**70** 현재시제 : usually, always, everyday 등은 현재형 시점과 쓰인다.

→ He usually comes here to meet her.

She every day (visits, visited) her parents.

• 그는 날마다 테니스를 칩니다.

➡ ..........................................................................................................................

**71** 과거시제 : last, yesterday, ago, in 연도 (in 1998)등은 과거 시제와 쓰인다.

→ He met her three days (ago, before).

He (wrote, had written) the book in 2007.

• 그는 그때 7살이었다. (then 이용)

➡ ..........................................................................................................................

**72** 미래시제 : next Friday

→ The work will be completed on next Friday.

I (will return, am returning) the book to you next week.

• 그 게임은 모레 시작될 것이다.

(미래를 현재 시점으로 사용, the day after tomorrow 모레)

➡ ..........................................................................................................................

**73** 현재완료시제 : 주어 + have + PP since + 과거시제

→ It's been a while since I spoke with you.
since ~ 이래로 (주어 + 현재완료 since 과거 / 특정시점)
I have been working for this company since 1993.
She (has lived, lives) here for two years.

• 그는 이 회사에서 10년 동안 일해오고 있다.

................................................................................

**74** 과거완료시제 : 주어 + had + PP  when + S + 과거동사

→ 한 개의 문장에서 하나의 절이 과거 시점이면 다른 절은 과거완료 시점
My boss had left the office by the time she called.
She (had arrived, arrived) there when I got there.

• 그가 그 곳에 갔을 때, 그녀는 서울로 이미 떠났다.

................................................................................

**75** 미래완료시제 : (will have + pp)  when + S + 현재동사

→ She will have served for 20 years in this company by the time he arrives.
She (will have completed, will complete) the work when the boss comes here.

• 내가 내일 이곳에 도착하면, 그녀는 서울로 떠났을 것이다.

................................................................................

**76** 연결동사(linking verbs) + 형용사 : 주의해야 할 2문형 동사

→ 동사 뒤에는 부사가 오지만 예외적으로 형용사가 오는 경우
되다 동사(become, come, fall, go, grow, run, turn)
감각, 지각 동사(look, seem, feel, smell, sound, taste)
상태 동사 : remain, keep, hold
The options for the car look (impressive, impressively).
She looks (happy, happily).

• 그는 조용히 있다. (remain, silent 이용)

➡ .......................................................................................................................

**77** 구조 : 구(phrase), 절(clause)
명사 + 전치사 구 – 전치사 구는 명사의 수와는 대부분 관련 없다.

→ The boy with his friends is honest.
with his friends는 전치사 구로써 형용사 역할을 한다. 따라서 주어는 boy 이다
Complaining about the books is not good.
Meeting many people (is, are) good to live in a community.

• 그녀는 독서, 걷기, 그리고 사진 찍는 것을 즐긴다.

➡ .......................................................................................................................

**78** 명사 + 관계대명사/관계부사 – 관계대명사가 앞에 있는 명사를 수식한다.
앞에 있는 명사가 수를 좌우한다.

→ People who take part in the meeting will get some money.
관계대명사(접속사 + 대명사) – 명사를 수식하는 형용사 역할을 한다.
The man (who is) providing food will become a mayer.
The company is proud of its furniture (which was) made by the workers.
명사 + 현재분사(~ing), 과거분사(PP) – 관대 + be동사가 생략
The book which was written by teachers (has, have) a lot of benefits.

• 그녀에 의해서 지어진 그 집은 아름답다.

➡ .......................................................................................................................

01 to be, to get
He expects her to come here.

02 climbing, meeting, meeting
Jenny delayed coming here.

03 smoking
Remember to give me a phone call to me as soon as you arrive at Seoul.
Remember giving a phone call to me yesterday.

04 those, that, that
The ears of a rabbit is longer than those of a mouse.

05 hundreds of people
Millions of people came here to see him.

06 of
It was sad of her to have her leg injured by the accident.

07 it easy
I think it impossible for her to come here.

08 be shaken, be replaced
She suggested that he come here tomorrow.

09 be completed, hand
The doctor advised that the patient stop smoking.
The professor recommended that he be hired by the company.

10 baggage, information
A lot of baggage is carried by airplanes.

11 was, is, have, are, are
The book which was written by the authors is very useful.

12 is, were, is, is, was
The number of students learning English is increasing.

13 are, are, have, are
Either you or they are responsible for the accident.

14 whose, works
Tom whose hobby is walking comes here tomorrow.

15 includes, was
The books she read impressed me.

16 is
One of many books in the library arrives here.

17 by
She will stay here until tomorrow.

18 for
He has worked in this company for twenty years.

19 than
He has more books than I.

20 Some friends of my sister's
A daughter of my friend's visited me.

21 your
My book is more expensive than yours.

22 a little, boy, comes
Every student in my class got good grades.

23 strong enough
She is clever enough to solve the question.

24 far
This book is far more interesting than that book.

25 bored, boring
She was satisfied with the gift.

26 so beautiful a lady
This child wears so pretty a hat.

27 The earlier
The more you love me, the more you will be loved.

28 still love
She still lives in this city.

29 what he did
I know who you are.

30 While
In spite of his weak points, he has many friends.

31 which
I got good grades, which made my mom pleased.

32 to watch
She enjoys jogging, going on walks, and

reading books.

33 did he go

He seldom comes here.

34 are

Those who read that book understood the question.

35 go, change

Tom made(had) Juliet come here.

36 dancing

I saw the gentleman dance on the street.

37 playing

The gentleman dancing on the stage is my uncle.

38 go

If you finish the work, call me.

39 come

Unless you pass the test, you will have difficulty to get the job.

40 most

Most people like to eat ice cream.

41 is

Economics is becoming more and more important.

42 would have bought

If he had met me yesterday, he would have gotten the information.

43 were, had

If he met me, he would get the information.

If I met him, I would give the information to him.

44 were to

If he were to have the key, he will find the book.

45 be able to

You will have to understand the question.

46 had started

When I saw him, he had run away already.

47 comes

He leaves for Seoul tomorrow.

48 his mother

I discussed the problem with my father.

49 happened, arrived

The car disappeared.

50 surprised, excited, exciting

Pleased with the news, he went out.

51 Being sick, he couldn't help me.

Turning to the right, you can find it.

Solved, Solving

52 to say, to win

I want her to join my team.

53 rapidly

He looks as young as I.

He looks younger than I.

He looks youngest in my class.

54 a university

The young should respect the old.

55 near

She works hard.

She rarely works hard.

56 His

Her writing in English is very good.

57 finding

He sits reading a book on the grass.

58 comes

She seldom comes here.

59 of

It is foolish of him not to solve this question.

60 Considering

Developing your strong point is good.

61 Although, Because of, for, by, which

While you stay here, help me.

62 Little, Every

I don't have any car.

63 doing

He spent an hour solving the question.

64 active

I think the book useful.

65 going

She is used to getting up early in the morning.

66 little

I have few friends.

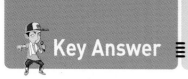

67 sales report

I want to open a savings account.

68 raised, laid, lying

Raise your right hand.

69 on

My birthday is on May fifth.

70 visits

He plays tennis every day.

71 ago, wrote

He was seven years old then.

72 will return

The game starts the day after tomorrow.

73 has lived

He has worked for this company for ten years.

74 had arrived

When he went there, she had left for Seoul.

75 will have completed

When I arrive here tomorrow, she will have left for Seoul.

76 impressive, happy

He remains silent.

77 is

She enjoys reading, walking, and taking pictures.

78 has

The house built by her is beautiful.

단문쓰기는 NO! 스토리 쓰기를
매일 계획적으로 학습하고 에세이 라이팅까지 따라잡기!

# PLAN
# Story
# Writing

누구나 쉽게 공부 할 수 있는 책, 한 개의 문장을 이용하여 다양한 문장을 만들어내게 하는 마법 같은
힘을 가진 책. 꼭 추천해주고 싶어요. (문진영-대학생)

말하기가 저절로 트였어요. 우리말을 영어식 구조로 배열하고 익히니, 영어의 어순이 저절로 익혔어요.
이제 영어로 말을 하고 영작을 쉽게 할 수 있어요. (이상이-대학생)

결과는 신비하게, 그러나 과정은 자연스럽게 영어의 구조를 익히니, 영작, 문법, 말하기가
스스로 되었어요. (김유빈-고2)

신비와 마법을 배웠어요. 어렵게만 생각하는 영어를 가장 쉽게 공부하는 방법을 제시해 준 책.
이 책을 끝내는 순간, 문법이 완성 되고 직독직해를 할 수 있었어요. (하은수-대학생)

원어민이 영어를 배우는 방법으로 만들어진 책.
영어권 국가에서 영어를 배우듯이 만들어 놓은 책. (정준영-미국거주)

토익이나 토플시험에 등장하는 알맹이 예문들로 실용적인 책.
토익문법을 마구 올릴 수 있도록 만들어진 책. (박은희-대기업직원)

문법 용어를 잘 몰라도, 영작을 할 수 있게 만든 책.
문장을 만들어가는 과정을 통해서 문법을 저절로 익혀요. (박정혜-대학생)

단문영작에서 스토리 쓰기까지 그리고 essay 쓰기까지의 과정이 물 흐르듯
자연스럽게 영작이 가능하게 하는 책. (김민우-취업준비생)

## Since1977

시사 Dream,
Education can make dreams come true.

Designed by SISA Languageplus